BÄRBEL OFTRING

JEDE BLÜTE ZÄHLT!

Wie jeder im Garten und auf seinem Balkon zum »Netzwerk der Natur« beitragen kann

BÄRBEL OFTRING

JEDE BLÜTE ZÄHLT!

Wie jeder im Garten und auf seinem Balkon zum »Netzwerk der Natur« beitragen kann

INHALT

Vorwort 6

JEDER GARTEN IST EIN NETZWERK 8

WAS HABEN GÄRTEN MIT DEM NATURNETZWERK ZU TUN? 10

Alles ist mit allem verbunden 11

Weniger Vielfalt durch moderne Entwicklung 14

Der Garten im Netzwerk der Natur 20

Ein Blick in verschiedene Gärten 24

GÄRTNERN AUS DER PERSPEKTIVE DER NATUR 26

Neue Gärten braucht das Land 27

Das unterirdische Netzwerk: der Boden 28

EXTRA >Kommunikation im Boden 32

Das Zusammenspiel der Nährstoffe 34

Wie der Zierrasen Teil des Garten-Netzwerks wird 40

Wertvolle Wildkräuter 44

Gartenpflanzen: Basis für Vielfalt 48

EXTRA >Aus einfach wird gefüllt 54

Was die Farben in Garten und Landschaft sagen 56

Natürliche Unordnung schafft Lebensräume 60

Netzwerkpartner Nummer eins: Insekten & Co. 64

EXTRA >Lästige Gäste im Garten: Blattläuse 70

Orientierung im Netzwerk Garten finden 72

Der Gärtner ist ein Teil des Netzwerks 74

DEN GARTEN ÖFFNEN FÜR DIE NATUR 76

PRAXIS IM NATURNETZWERK GARTEN 78

Eine gute Basis für den Garten 79

Den Gartenboden kennenlernen und pflegen 80

Den Gartenboden nachhaltig düngen 86

VIELFÄLTIG, HEIMISCH & ATTRAKTIV 90

Pflanzen für ein natürliches Gartenleben 91

Wildblumenrasen und Wildblumenwiesen 92

Blütenvielfalt mit Stauden und Sommerblumen 96

Wildsträucher sorgen für Struktur und Leben 104

Bäume – eine Investition für viele Jahrzehnte 108

EXTRA >Start-up: 10 m² Naturheimat 112

Gemüse-, Kräuter- und Obstgarten 114

So wird der Balkon zur Keimzelle im Naturnetzwerk 118

DER SANFTE WEG ZUM GESUNDEN GARTEN 122

Ihre pflegende Hand im Netzwerk Garten 123

Viele kleine Naturräume ergeben ein großes Ganzes 124

EXTRA >Netzwerkpartner Wildbiene 126

Pflanzen sind sensible Lebewesen 130

Natürliche Unordnung zulassen 132

GEMEINSAM IST MEHR ALS 1+1 136

GÄRTEN: PUZZLETEILE IM NATURNETZWERK 138

Miteinander gärtnern 139

Doppelte Freude: Gärtnern mit den Nachbarn 142

EXTRA >Eine Tauschbörse planen 144

Projekte über den Gartenzaun hinaus 146

Jede Blüte zählt – ein Ausblick 150

Service, Adressen 152

Register 154

Impressum 160

Da ist ein Garten.
Er ist voller Wunder.
Er lebt. Er ist verbunden
mit allem, was lebt –
und mit dir.
Er ist deine Heimat.

NETZWERK GARTEN

Alexander von Humboldt (1769–1859) war einer der bedeutendsten Naturforscher. Ihm verdanken wir dank seiner unermüdlichen Forscherarbeiten und seinem überaus wachen Geist nicht nur viele grundlegende wissenschaftliche Einsichten in Botanik, Vegetationsgeografie, Klimatologie und viele andere Gebiete, sondern auch eine fundamentale Erkenntnis: Die Natur ist ein Netzwerk. Sie traf den großen Naturforscher im Jahr 1802 wie ein Blitz, als er – vermutlich schwer atmend – auf dem über 6000 m hohen Gipfel des Chimborazo (Ecuador) stand und von weit oben auf die umgebende Landschaft herabsah. Auf seinem Weg von Quito auf den Gipfel hat sich die Pflanzenwelt in derselben Weise verändert wie bei einer botanischen Reise vom Äquator zu den Polen. Humboldt schrieb: »Alles, was ich auf meinen Reisen gesehen habe, fügt sich zu einem klaren Bild. Die Natur ist ein lebendiges Ganzes und ein wunderbares organisches Geflecht, in dem alles miteinander verbunden ist – vom kleinsten Flecken Moos bis zum höchsten Baum. Die Natur ist von einem einzigen Atem beseelt – von Pol zu Pol ergießt sich ein Leben in Steine, Pflanzen und Tiere.«
So Humboldt vor über 200 Jahren. Doch was hat das mit Ihrem Garten und dem Thema »Jede Blüte zählt« zu tun? Wenn Sie Ihren Garten von oben betrachten – was ich Ihnen unbedingt empfehle –, werden Sie rasch erkennen, dass er in die umgebende Landschaft eingebettet ist. Er grenzt an andere Gärten, an einen Park, an Wiesen, Felder oder an einen Wald. Er liegt nicht isoliert inmitten einer Ödnis, sondern ist tatsächlich vernetzt mit den Ökosystemen rundherum, mit den Steinen, Pflanzen und Tieren in seiner Umgebung. Nicht nur Ihr Garten selbst besteht aus verschiedenen Netzwerken, sondern er ist auch Teil des großen Naturnetzwerks. »Jede Blüte zählt« bedeutet deshalb: Auf vielen Ebenen vernetzt im Netzwerk gärtnern. Darum geht es in diesem Buch.

Bärbel Oftring

JEDER GARTEN IST EIN NETZWERK

WAS HABEN GÄRTEN MIT DEM NATURNETZWERK ZU TUN?

ALLES IST MIT ALLEM VERBUNDEN

Kein Garten ist eine abgeschlossene Parzelle, die, abgesehen vom Wetter, keinerlei Einflüssen von außen unterliegt. Vielmehr herrscht reges Kommen und Gehen, denn jeder Garten ist ein Bestandteil seiner Umgebung.

Sie kennen Ihren Garten gut und Sie kennen das Gelände, das an Ihren Garten grenzt: Vielleicht ist es der Garten einer jungen Familie oder eines älteren Seniorenpaars, ein Park oder eine Grünanlage, vielleicht ist es eine Feld- und Kulturlandschaft oder ein naher Waldrand. Von dort wandern immer wieder pflanzliche und tierische Besucher in Ihren Garten ein: die Samen von heimischen Blumen sowie Hummeln, Wespen, Vögel, Igel, aber auch Nachbars Katze. Manche Besucher erfreuen Ihr Herz, andere sind weniger willkommen. Schon diese Gäste aus dem Pflanzen- oder Tierreich zeigen Ihnen, dass Ihr Garten in einer intensiven Beziehung mit der Welt außerhalb Ihres Gartenzauns steht.

NETZWERKE OHNE GRENZEN

Tatsächlich existiert für diese Gäste, anders als für Menschen, keine Grenze zwischen Ihrem Garten und der Welt rundherum – für die meisten jedenfalls: Ein Igel etwa kann nur dann auf Ihr Grundstück gelangen, wenn er einen Durchschlupf findet. Ein unten geschlossener Zaun ist für ihn wie eine Felswand, an der er bei seinen nächtlichen Wanderungen vergeblich entlangläuft – dadurch steigt das Risiko, dass Igel auf der Suche nach der auch in Gärten rar gewordenen Kleintiernahrung Straßen überqueren und überfahren werden: Gründe dafür, dass nun sogar der Igel als bedroht gilt.
Steine, Pilze, Pflanzen und Tiere stehen miteinander in engen Beziehungen, die sich über Jahrmillionen entwickelt haben. Lebewesen, aber auch unbelebte Materie bilden durch unüberschaubare, vielfältige Wechselbeziehungen und Abhängigkeiten ein gewaltiges Netzwerk auf vielen Ebenen: die Ökosysteme. Einige dieser Beziehungen und ihre Mitspieler kennen wir, doch viele sind uns noch völlig unbekannt. Aus diesem Grund sind Vorhersagen, was bei Störungen passiert oder wie es sich auswirkt, wenn einzelne Mitspieler fehlen, so schwierig.
Solche Netzwerke gibt es überall auf der Erde, von der Tiefsee bis in die Hochgebirge. Und da Ihr Garten weder im Luftraum noch am Boden oder unter der Erde undurchdringliche Grenzen hat, breitet sich sein Netzwerk auch über Ihren Garten hinaus aus. Denn Ihr Garten ist genauso ein Teil der Landschaft und der Netzwerke der Lebewesen wie Felder, Wälder, Parks oder sogar ein Friedhof.

WIE WIR DAS NETZWERK BEEINFLUSSEN

Allerdings haben Sie natürlich einen großen Einfluss darauf, ob und in welchem Maße das natürliche Netzwerk der Lebewesen in Ihrem Garten Einzug hält. In einem Garten, in dem alles Verblühte sorgfältig abgeschnitten wird, werden sich keine Stieglitze einfinden, die sich von kleinen Sämereien ernähren. In einem Vorgarten, in dem der Boden konsequent mit Folie und Steinen bedeckt ist, um zum Beispiel den Wuchs unerwünschter Wildpflanzen zu unterdrücken, werden keine Schmetterlinge auftauchen, weil dort ihre Futterpflanzen fehlen. Schon an diesen beiden

Warum in die Ferne schweifen, wo das Gute doch so nah ist? Statt Pflanzen von anderen Kontinenten oder aus Züchterhänden flankieren heimische Wildblumen wie Mohn, Kornblume & Co. den Eingang zu diesem Garten.

Beispielen können Sie erkennen, dass es viel Aufwand bedarf, pflanzliche und tierische Lebewesen aus dem Garten fernzuhalten. Sobald sich aber, wenn man im zweiten Beispiel etwa die Folie entfernt und auf unnötige Pflege verzichtet, zwischen den Steinen feines Substrat gebildet hat – und dafür genügen schon ein paar liegen gebliebene Blätter vom vergangenen Herbst –, keimen dort vom Wind herangewehten Samen aus und beginnen, die Folien-Steine-Welt wieder in das Netzwerk der Natur einzuweben. Wie schnell das geschieht, sobald der Mensch nicht mehr eingreift, haben Sie sicher schon in verlassenen Gärten oder auf brachliegenden Flächen gesehen.

VIELFALT IST ÜBERALL

Grundlage aller Netzwerke in Ökosystemen – auch derer in Ihrem Garten – sind die unzähligen Arten von Pilzen, Pflanzen und Tieren. Eine große Biodiversität gibt es nicht nur in tropischen Regenwäldern oder intakten Korallenriffen, sondern auch bei uns: In Deutschland leben über 48 000 verschiedene Arten von Tieren – die mit Abstand artenreichste Gruppe unter ihnen sind die Insekten –, fast 10 000 verschiedene Pflanzenarten sowie über 14 000 verschiedene Pilzarten. Diese große Vielfalt an Lebewesen ist unsere Lebensgrundlage, von ihr hängt maßgeblich unser Wohlergehen ab. Doch weil wir, bis auf wenige Restflächen, die ursprünglichen Ökosysteme in Deutschland, Mitteleuropa und anderswo nach unseren Zwecken umgestaltet haben, obliegt uns nun die besondere Fürsorge für die verbliebenen Pflanzen, Pilze und Tiere. Diese Fürsorge hört nicht an Ihrem Gartentor auf. Sie gilt für land- und forstwirtschaftliche Areale ebenso wie für private Flächen.

KOMPLEXE BEZIEHUNGEN

Pflanzen, Pilze und Tiere stehen in vielfältigen Beziehungen zueinander. Schon mit einem kurzen – allerdings vereinfachenden – Blick darauf entdeckt man schnell Beziehungen, etwa lineare von Nahrungsketten: Blätter vom Sauerampfer – Raupe vom Kleinen Feuerfalter – Kohlmeise – Sperber. Doch weil jedes Lebewesen in dieser beispielhaften Nahrungskette noch mit unzähligen anderen Lebewesen in Beziehung steht, ergeben sich daraus komplexe Netzwerke, in denen schließlich auf irgendeine Weise und über mehrere Ecken jeder mit jedem verbunden ist. In diesen komplexen Netzwerken der Nahrungsnetze und Stoffkreisläufe gibt es vielerlei Beziehungen, zum einen solche, bei denen sich die Partner gegenseitig unterstützen wie etwa Pflanzen und Pilze (Mykorrhiza, → Seite 30), zum anderen solche, bei denen eine Art auf Kosten anderer existiert, wie etwa die Beziehung zwischen Wirt und Parasit. Unterstützende Beziehungen umfassen mehr als nur Symbiosen: Pflanzen und Tiere nutzen alle vorhandenen und neu auftauchenden Strukturen auf verschiedene Weise: So dient ein Strauch als Schlaf- oder Nistplatz, ein Kuhfladen auf der Wiese als Brutstätte für den Nachwuchs von Fliegen oder als Nahrungsquelle.

NETZWERKE IM GARTEN

Wenn Sie mit offenen Augen durch Ihren Garten gehen, entdecken Sie viele Beziehungen, von denen Pflanzen oder Tiere wechselseitig profitieren:

- Lücken in der Pflanzendecke, wie etwa der Erdhaufen eines Maulwurfs oder ein Regenwurmhäufchen sind günstige Plätze, an denen gerne Pflanzensamen keimen.
- Besonders regenwurmreiche Bodenstellen werden gut durchmischt und sind reich an luft- und wassergefüllten Poren, von denen die Wurzeln profitieren, sodass die Pflanzen besser wachsen.
- Rankpflanzen nutzen jede Art von Stütze, seien es lebende oder abgestorbene Pflanzenteile oder auch menschengemachte Strukturen wie Zäune oder Geländer, um daran emporzuklettern.
- Hohe Sträucher oder Bäume nutzen Vögel als Singwarte und Fledermäuse zur nächtlichen Orientierung.
- Glockenblumen-Blüten bieten Wildbienen einen geschützten Schlafplatz oder bei plötzlich einsetzendem Schlechtwetter einen Unterschlupf.
- In verlassenen Mäuselöchern nisten Hummeln.

Sie sehen, Ihr Garten ist nicht nur Teil des großen Naturnetzwerks, sondern besteht selbst aus vielen Netzwerken über und unter der Erde.

Oben: Offen für Wildtiere: 15 × 15 cm groß sollte der Durchschlupf sein, damit ein Igel hindurchpasst. Unten: Regenwurmkot ist kostbarer Dünger.

WENIGER VIELFALT DURCH MODERNE ENTWICKLUNG

Pflanzen, Pilze und Tiere sind – neben Trinkwasser – die Basis für das Leben der Menschen. Doch deren Situation ist heute alles andere als gut – weder bei uns noch in vielen anderen Teilen der Erde.

Gäbe es keine Menschen, wäre fast ganz Mitteleuropa von einem dichten, sommergrünen Wald bedeckt: Je nach Klima, Boden und Höhenlage waren dies in vergangener Zeit verschiedene natürliche Waldgesellschaften. Heutzutage ist die Rot-Buche der häufigste den Waldtyp bestimmende Baum, auf feuchteren Standorten sind es Eichen. Diese Bäume sind jeweils mit verschiedenen Gräsern, Kräutern und anderen Gehölzen vergesellschaftet. Nadelbäume spielen in diesen natürlichen Wäldern bei uns nur eine untergeordnete Rolle. Einzig auf sandigen oder moorigen Böden sowie in Höhenlagen bilden sie in Mitteleuropa Wälder. Diese Wälder sind bei uns nach dem Ende der Eiszeit vor etwa 12 000 Jahren nach und nach entstanden.

Typisch Mitteleuropa: Rot-Buchen-Wälder. Nur im Winter und Frühjahr erreicht das Sonnenlicht den Boden.

VOM URSPRÜNGLICHEN WALD ZUR KULTURLANDSCHAFT

Durch diese lückenlosen mitteleuropäischen Wälder zogen einst Hirsche, Rehe, Wildschweine, Wölfe und andere Tiere. Sie hinterließen ausgetretene Tierpfade, die auch von den Menschen benutzt wurden – viele existieren noch heute als Wanderwege oder Straßen. Vor über 5000 Jahren begannen die Menschen in Mitteleuropa dann erste Waldflächen für Felder zu roden. Seit dem Mittelalter wurden Rodungen im großen Stil durchgeführt. Sie formten die einstige Waldlandschaft zu einer die Dörfer und Städte umgebenden offenen Kulturlandschaft mit Feldern, Wiesen und Gehölzinseln um. Pfade und Wege verbanden die Siedlungen. So fielen nach und nach zwei Drittel der Waldfläche dem menschlichen Tun zum Opfer: Heute ist nur noch weniger als ein Drittel der Landfläche Deutschlands von Wald und Forst bedeckt.

Diese Änderung der Landschaft hatte jedoch positive Auswirkungen auf die Biodiversität: Zusätzlich zu den verschiedenen Waldtypen entstanden neue strukturreiche Ökosysteme wie Felder und Wiesen mit Randstreifen, Hohlwegen, Hecken und Feldgehölzen, Waldrändern, Lichtungen und vielem mehr. Auf ihnen breitete sich eine größere Vielfalt von Pflanzen aus und sie lockten Insekten,

Heute sind die Böden in den Wäldern so stickstoffreich wie Ackerböden in den 1950er-Jahren – und das allein durch Luftdüngung.

Vögel, Fledermäuse und viele andere Tiere an. So gesellten sich zu den typischen Waldpflanzen und -tieren die Arten der neu entstandenen Lebensräume hinzu. Wäre die Situation noch heute so wie damals, dann wäre Deutschland ein artenreiches Paradies der Biodiversität.

DIE INDUSTRIELLE REVOLUTION

Mit der industriellen Revolution wurden jedoch immer mehr Maschinen, Motoren und Heizungsanlagen eingesetzt. Ihre Abgase reicherten – anfangs noch unmerklich, doch im Lauf der Jahrzehnte immer spürbarer – die Luft mit für Pflanzen nachteiligen Schadstoffen an: vor allen Dingen mit Schwefeldioxiden aus der Verbrennung von Kohle sowie mit Stickoxiden. Erstere sorgten für sauren Regen, Letztere für den Eintrag von Stickstoffverbindungen in den Boden, etwa bei Regen. Dies bezeichnet man als Luftdüngung. Doch die Entwicklung war noch nicht zu Ende: Ab den 1950er-Jahren begann auf den landwirtschaftlichen Flächen der Einsatz von künstlichen Düngern, Insektiziden und Herbiziden sowie von schweren Maschinen. Nach und nach wurden bei Reformen, der sogenannten Flurbereinigung, ehemals kleine, von Hecken und Wildblumen umgebene Felder und Äcker zu größeren bis riesigen Einheiten für Monokulturen (heute vielfach Mais!) zusammengelegt. In der Folge verschwanden Hecken, Feldgehölze und Wildblumenstreifen. Hohlwege wurden begradigt, feuchte Areale entwässert und trockengelegt. So schritt die Industrialisierung der Landwirtschaft parallel zur umfassenden Zersiedlung der Landschaft durch immer größere Siedlungen, Industriegebiete, Straßennetze und Flächenversiegelung voran. Dieser Raubbau frisst

VERÄNDERUNGEN DER LANDSCHAFT

1

Deutschland 1926: Die strukturreiche Kulturlandschaft rund um das Dorf besteht aus kleinen Feldern mit reich von Blumen und Büschen gesäumten Feldwegen.

2

1952 ist die Kulturlandschaft schon dicht besiedelt. Häuser mit eingezäunten Gärten bilden mit den nun größeren zusammengelegten Feldern ein Mosaik.

3

2009 ist von der strukturreichen Kulturlandschaft nichts mehr übrig: Feldwege wurden zu asphaltierten Straßen, statt Wildblumen begrenzen Zäune die Wege.

Je vielfältiger die Randstrukturen landwirtschaftlicher Flächen sind, umso größer ist ihre Artenvielfalt: Kleine Felder mit Bioanbau und abwechslungsreichen Säumen aus Wildblumen, Stein- und Asthaufen sowie Hohlwegen beherbergen im Vergleich mit intensiv genutzten Flächen die meisten Insektenarten.

nicht nur riesige Flächen, sondern auch natürliche Ökosysteme auf – und mit ihnen verschwinden die dort lebenden Pflanzen, Tiere und Pilze.

Flächenverteilung in Deutschland (2019)

Der Anteil naturbelassener Flächen in der Landschaft ist gering. Von der Gesamtfläche entfallen:

- 51 % auf die Landwirtschaft (60 % für Tierfutter, 20 % für Lebensmittel, der Rest vor allem für Energiepflanzen);
- 30 % auf Wälder und Forste;
- 14 % auf Siedlungen und Verkehr, davon sind 46 % versiegelt;
- 2 % auf Wasserflächen;
- 2 % auf sonstige Flächen (Ödland etc.).

INSELN UND BIODIVERSITÄT

Aus der Perspektive von Pflanzen und Tieren zerfällt die Landschaft in immer mehr kleine Inseln. Sie entstehen durch Zersiedelung – durch den Bau von immer mehr Straßen, Neubau- und Gewerbegebieten oder anderer Bauprojekte auf der grünen Wiese. Auch Verkehrsinseln gehören dazu.
Wir selbst nehmen diese Inseln kaum wahr, weil sie für uns kein Hindernis sind. Denn wir können heute sogar große Entfernungen in relativ kurzer Zeit zurücklegen. Auf Tiere hat die Bildung solcher Inseln dagegen einen großen Einfluss. Ein Beispiel: Für Heuschrecken kann schon ein as-

Täglich verschwinden 60 Hektar Land für Siedlungen, Industriegebiete und den Verkehr – in jedem Jahr summiert sich das auf rund 250 Quadratkilometer, einer Fläche, so groß wie Frankfurt am Main.

phaltierter Feldweg dazu führen, dass ihr Lebensraum rechts und links des Weges jeweils zu einer Insel wird. Denn sie meiden kahle Flächen wie asphaltierte Wege. So wird die Population auf der anderen Seite für sie unerreichbar. Weil Tiere, Pflanzen & Co. durch diese Bildung von kleinen und winzigsten Inseln nicht mehr so leicht Partner finden bzw. neue Lebensräume besiedeln können, verarmt nach und nach die Artenvielfalt. Inseln beherbergen immer weniger Arten als eine ebenso große Fläche auf dem Festland, die mit ihrer Umgebung vernetzt ist. Ökologische Forschungen zeigen diese einfache Relation: Trägt man die Anzahl der auf einer Fläche gefundenen Arten in ein Diagramm gegen die Flächengröße auf, wird diese mit abnehmender Fläche immer kleiner und tendiert schließlich gegen null: Ein einzelner Strauch einer Hunds-Rose inmitten von Tausenden Quadratmetern Maisfeld ist allein auf weiter Flur. Dorthin gelangt noch nicht einmal eine flugtüchtige Biene. Dazu ein Gedankenbeispiel: Eine kleine Feldgehölzgruppe wird durch den Bau eines breiten asphaltierten Feldwegs geteilt. Es entstehen zwei Inseln. Auf einer Insel haben fünf Zitronenfalter den Winter überlebt. Einer gerät beim Überqueren des Feldwegs in den Kühlergrill eines Traktors, ein zweiter wird von einem Singvogel erbeutet. Es bleiben drei übrig – ein Weibchen und zwei Männchen. Sie paaren sich im April, das Weibchen legt seine Eier auf die Blattknospen eines Faulbaums. Ein Landwirt verspritzt Pestizide auf dem Feld. Auch die Blätter des Faulbaums werden getroffen, nur eine der frisch geschlüpften Raupen überlebt diese Giftdusche – das ist das Ende der Falter auf dieser Insel. Durch ihre isolierte Lage erreicht kein anderer Zitronenfalter die Insel.

DAS GROSSE ARTENSTERBEN

In Anbetracht dieser Entwicklung verwundert es nicht, dass der Zustand der heimischen Natur alarmierend ist. Ein Blick in die offiziellen Veröffentlichungen des Bundesamts für Naturschutz sowie des Bundesministeriums für Umwelt, Naturschutz und nukleare Sicherheit zeigt: Jede dritte Pflanzen-, Tier- oder Pilzart steht auf der Roten Liste gefährdeter Arten – das sind etwa 24 000 heimische Arten. Besonders betroffen sind Reptilien (86 % der Arten), Fische (72 % der Arten), Amphibien (67 % der Arten), Insekten, Säugetiere und Flechten (je 60 % der Arten) sowie Vögel, Schnecken, Muscheln und Moose (je 50 % der Arten). Solche Roten Listen gibt es übrigens auch für gefährdete Biotoptypen und Pflanzengesellschaften, deren Zustand ähnlich erschreckend ist wie die der einzelnen Arten. Wussten Sie beispielsweise, dass fast zwei Drittel der heimischen rund 860 Lebensraumtypen von Verlusten bedroht bzw. schon vollständig vernichtet sind?

Selbst wenn auf dieser »Insel« Vögel brüten – für Futter müssen sie weit fliegen. Ob sich dieser Kraftakt lohnt?

Noch alarmierender wird es, wenn man nicht die Anzahl der betroffenen Arten anschaut, sondern die Individuenzahlen. Hier ist der Rückgang noch gravierender: Im Zeitraum einer menschlichen Generation – das sind 30 Jahre – sind 50 % aller Vögel und 80 % aller Fluginsekten verschwunden. Das Insektensterben ist eine ökologische Katastrophe, denn in allen festländischen Lebensräumen sind neun von zehn Tieren Insekten. Sie sind die Nahrungsbasis von Vögeln und ihrer Brut, von Fledermäusen, Eidechsen und vielen anderen Tieren. Ohne Insekten brechen deren Populationen schließlich zusammen – das erleben wir aktuell.

Auf dieser Doldenblüte suchen viele Bestäuber nach Nahrung – Weichkäfer, Schwebfliegen und Wespen.

Wenn 80 % fehlen ....

Stellen Sie sich diese beiden Sätze als ein Buchstabennetzwerk vor. Funktioniert es noch, wenn einzelne Buchstaben fehlen?

5 % Buchstaben fehlen:

Stel en Sie sich diese beid n Sätze als ein Buchstabennet werk der Sprache vor. Funk ioniert es noch, we n einzelne Buc staben fehlen?

20 % Buchstaben fehlen:

Stel n Sie si h di se b id n Sä ze ls ein B chstabe net we k der Sprac e vor. Funk ioni rt es no , we n ein elne Buc stab n f len?

50 % Buchstaben fehlen:

S el   Sie s   di se   id   Sä ze l ei B chst e ne we   d   Sprac   v r. Fu   ioni t es no , we n ei   ln Bu stab   f le ?

80 % Buchstaben fehlen:

S e   s di   id Sä   B st e we   Spra   . Fu io   t   , w   i   u s b f   ?

DIE FOLGEN DES INSEKTENSTERBENS

Vögel und Insekten sind stark miteinander vernetzt: Von den 248 Vogelarten, die bei uns brüten, ernähren sich 80 % von tierischer Kost, vor allem von Insekten. Für die Küken fast aller Vogelarten sind Insekten die Hauptnahrung, auch für den Nachwuchs der Vogelarten, die als erwachsene Tiere Pflanzenkost zu sich nehmen. Fehlen die Insekten, wird die Brut nicht mehr satt – die üblichen Verluste durch natürliche Feinde (Sperber, Katzen), Glasscheiben, Wettereinbrüche, Winter und Vogelzug können nicht ausgeglichen werden: Wo vor 100 Jahren noch zehn Vögel saßen, sitzen heute nur noch zwei. Genauso fatal wirkt sich der Rückgang der Insekten natürlich auch auf alle anderen Insektenfresser wie Fledermäuse etc. aus, aber auch auf die Pflanzenwelt: 80 % unserer Nutzpflanzen sowie 90 % der heimischen Pflanzen sind auf Bestäuber wie Bienen und Schmetterlinge angewiesen. Ohne Insekten gehen auch sie zugrunde, nach Schätzungen würden unsere Ernten um bis zu 90 % abnehmen.

Die Gründe für den Rückgang der Insekten sind vielfältig – und meist vom Menschen verursacht.

- Es ist zu grün bei uns: Durch zu häufiges Mähen von Wiesen – egal ob auf dem Land, in Parks oder Gärten – kommen viele Pflanzen nicht zur Blüte und können keine Samen bilden. Vielen Tieren fehlt es deshalb an Nahrung und Unterschlupfmöglichkeiten (→ Seite 60).
- Die Böden sind überdüngt (→ Seite 34). Hoher Stickstoffgehalt ist das Aus vieler Pflanzen, die den wenigen stickstoffliebenden Pflanzen weichen müssen. Mit diesen Wildpflanzen verschwinden auch die an sie angepassten Tiere.
- Auf landwirtschaftlichen Flächen werden größtenteils Monokulturen angebaut, z. B. dient ein Drittel der Fläche dem Maisanbau, der als Energiepflanze und als Futterpflanze für die Fleischproduktion genutzt wird. Monokulturen sind für Insekten und andere Tiere jedoch so interessant wie ein asphaltierter Parkplatz.
- Der intensive Einsatz von Pflanzenschutzmitteln wie Insektiziden und Herbiziden schädigt Insek-

Einst gehörte ihr Gesang, vorgetragen hoch am Himmel, zu jeder Feldlandschaft. Heute ist die Feldlerche einer der vielen Verlierer in der industrialisierten, von Agrochemie geprägten Landwirtschaft.

ten massiv bzw. zerstört dauerhaft ihre Lebensgrundlage.

- Fragmentierung: Weil auf den landwirtschaftlichen Flächen Wildblumenstreifen, Hecken, Böschungen, Waldränder und Ähnliches fehlen, leben Insektenpopulationen isoliert auf Inseln und verschwinden schließlich.

BEISPIEL BRACHFLÄCHEN

Bis 2008 gab es in der EU eine Brachflächenregelung. Wer landwirtschaftliche Flächen brachliegen ließ, wurde finanziell entschädigt. Diese Brachen waren wichtige ökologische Ausgleichsflächen. 2008 wurde diese Regelung abgeschafft. Gleichzeitig nahm der Anbau von Mais und Raps stark zu und die Bestände von Feldvögeln wie Feldlerche und Rebhuhn etc. stark ab. Heute sieht man immer wieder sogenannte Lerchenfenster in Getreidefeldern – das sind zwei mindestens 20 m² große brache Flächen pro Hektar, die den Feldlerchen als Landeplatz dienen sollen. Das hilft zwar manchen Lerchen, nicht aber Heuschrecken, Käfern und anderen Insekten, von denen sich auch die Feldlerche ernährt. Auch Blühstreifen mit Phacelia oder Sonnenblumen helfen wenig: Sie sind zwar gute Nektar- und Pollentankstellen, bieten aber weder Schmetterlingsraupen noch anderen pflanzenfressenden Insektenlarven Nahrung.

Tatsächlich sind unsere heimischen Insektenbestände so geschwächt, dass laut Experten wie dem Ökologen Dr. Carsten Brühl sofort (!) 30 % der landwirtschaftlichen Flächen komplett der Nutzung entzogen und brachliegen müssten.

Gärten als Korridore

Sie können dazu beitragen, dass sich die Situation der Insekten bessert. Etwa indem Sie biologische und regionale Produkte sowie wenig Fleisch kaufen, um den Ökolandbau zu fördern. Und durch die Art und Weise, wie Sie gärtnern: Um die Artenvielfalt zu bewahren, müssen Lebensräume durch Korridore miteinander verbunden sein. Ihr Garten kann Teil eines solchen Korridors sein, über den die Tiere und Pflanzen sich austauschen und reproduzieren können. So trägt Ihr Garten dazu bei, dass etwa Insekten darin überdauern können, bis sich die Situation in Feld und Flur wieder gebessert hat.

DER GARTEN IM NETZWERK DER NATUR

Öffnen Sie Ihren Garten für die Natur: Futterstellen und Gartenelemente, die Unterschlupf und Nahrung bieten, machen ihn zu einem attraktiven Lebensraum – nicht nur für zahlreiche Vogelarten.

Da es in der Umgebung rund um Ihren Garten ein massives Artensterben gibt, ist die heimische Natur in den letzten Jahrzehnten artenärmer geworden. Was noch vor 50 Jahren funktioniert hat, funktioniert heute nicht mehr – etwa, dass viele Schmetterlinge von umliegenden Wiesen in Ihren Garten einwandern oder dass die Vögel, die in Ihrem Garten brüten, außerhalb Ihres Gartens genügend Insekten- und Samennahrung für sich und ihre Brut finden. Professor Peter Berthold, Ornithologe, Verhaltensforscher und langjähriger Leiter der Vogelwarte Radolfzell, belegt in seinen Arbeiten, dass allein auf den Weizenfeldern Deutschlands (etwa 3 Mio. Hektar) durch den Einsatz von Unkrautvernichtungsmitteln rund eine Million Tonnen Sämereien von Wildkräutern verloren gingen. Rechnet man nun noch die Verluste an Wildpflanzensämereien auf den Mais- und anderen Getreidefeldern plus Kartoffel-, Erdbeer-, Spargel-, Rübenfeldern plus die Verluste auf den Wiesen durch Silagemahd hinzu, kommt man bundesweit allein bei den Sämereien auf mindestens 10 Millionen Tonnen weniger, von denen sich 300 Millionen Finken, Spatzen und andere samenfressende Vögel ernähren könnten. Noch dramatischer stellt sich die Situation bei den insektenfressenden Vögeln dar, die die Mehrzahl unter den heimischen Brutvogelarten bilden.

Zum Vergleich: Bis in die 1950er-Jahre und etwas darüber hinaus wuchsen auf den Feldern weit über 200 verschiedene Wildkräuterarten in stattlichen Beständen. Mittlerweile bildet nur noch etwa die Hälfte der Arten bedeutsame Bestände.

Eine Mönchsgrasmücke labt sich an Vogelbeeren. Heimische Sträucher sichern vielen Vögeln das Überleben.

GARTENVÖGEL BRAUCHEN HILFE

Heute leben in den Siedlungen mehr Vögel als in den Kulturlandschaften rundherum. Doch das heißt nicht, dass es ihnen gut geht – vielmehr ist dies ein Zeichen dafür, dass es sich außerhalb der Dörfer und Städte noch schlechter leben lässt. Denn letztlich finden sich heute in den Gärten viel weniger Vögel als noch vor Jahrzehnten. Und wenn in manchen Gärten mehr Vögel vorkommen als in anderen, dann hängt das nachweislich damit zusammen, was im Garten wächst und wie er ge-

Eine Kohlmeise hat sich einen Grashüpfer geschnappt. Je mehr Insekten in einem Garten leben, umso mehr Vögel werden sich dort mit der Zeit einfinden.

staltet ist. Sie haben es also in der Hand, ob Ihr Garten für Vögel attraktiv ist oder nicht: Es macht aus Vogelsicht einen gewaltigen Unterschied, ob im Garten eine kleine, bunte Blumenwiese oder ein eintöniger Rasen wächst, ob statt Thuja nährende Wildsträucher wie Weißdorn, Hartriegel und Hunds-Rose gedeihen und ob es Beerensträucher, Apfelbaum, Komposthaufen, Totholz und eine nicht versiegelte Trockenmauer aus Natursteinen gibt statt Betonmauern und Kiesflächen.

Ganzjahresfütterung für Gartenvögel

Da es vielen Gartenvögeln an Nahrung mangelt, plädiert Professor Peter Berthold für eine ganzjährige Fütterung. Ganzjährig deshalb, weil die Vögel zur Brutzeit doppelt so viel Energie verbrauchen wie im Winter – die Flüge zur Suche nach genügend Insektennahrung für den Nachwuchs sind sehr kräftezehrend: Haben Sie schon einmal gezählt, wie oft ein Kohlmeisenpaar täglich den Nistkasten anfliegt, um die Küken mit Läusen, Räupchen und anderen weichen Kleintieren zu füttern? Rund 350-mal jeden Tag, und das drei Wochen lang! Anschließend werden die Küken noch weitere zwei bis drei Wochen lang außerhalb der Nisthöhle versorgt, bevor sie selbstständig sind.
Danach brüten Kohlmeisen meist noch ein zweites Mal, um die natürlichen Verluste im Winter auszugleichen. Das bedeutet für ein Kohlmeisen-Paar insgesamt zehn bis zwölf Wochen Hochleistung. Nachweislich haben Vogeleltern, die von Fütterungsstellen profitieren, mehr Nachwuchs. Sie können sich dort satt fressen und haben mehr Kraft und Zeit, um Läuse, kleine Raupen und andere Insekten für ihre Küken zu suchen.
Wie erfolgreich sich die Ganzjahresfütterung auf Gartenvögel auswirkt, zeigt ein Blick über den Ärmelkanal: In Großbritannien füttern viele Menschen seit über 50 Jahren ganzjährig die Vögel in ihren Gärten. Wissenschaftliche Langzeitforschungen dokumentieren, welche Auswirkungen das hat: Nach einem langsamen Beginn nahmen die Individuenzahlen der Vogelarten, die die Futterstellen besuchten, rasant zu. Die gute Nahrungssituation in Großbritannien hat sich sogar bis zu uns »herumgesprochen«: Ein Großteil der heimischen Mönchsgrasmücken zieht im Herbst nicht mehr ausschließlich in die traditionellen Wintergebiete im Mittelmeerraum, sondern westwärts über den Ärmelkanal nach Großbritannien, um dort den Winter zu verbringen.
Wer sich mehr mit der Ganzjahresfütterung von Wildvögeln befassen möchte oder auch Antworten auf kritische Fragen sucht, findet wertvolle Informationen in den Publikationen von Prof. Dr. Peter Berthold (→ Seite 152, Literatur).

Betrachten Sie dieses Bild eines ungemähten, blühenden und samentragenden Gartenstücks ausgiebig und immer wieder: Gewöhnen Sie sich so an den natürlichen Anblick heimischer Wildblumen, die stehen bleiben dürfen bis über den Winter.

DEN GARTEN FÜR DIE NATUR ÖFFNEN

Den Vögeln durch ganzjähriges Füttern zu helfen ist eine Möglichkeit der Unterstützung. Einziger Nachteil dieser »Soforthilfe«: Vögel sind hungrig und verputzen reichlich Meisenknödel, Erdnüsse, Sonnenblumenkerne und anderes Vogelfutter. Wer sich für diesen Weg entscheidet, muss also regelmäßig für Nachschub sorgen, sodass an den Futterstellen stets genug Nahrung zur Verfügung steht. Und natürlich muss er auch ein entsprechendes Budget dafür einplanen.

Es gibt aber noch eine andere, ebenso wichtige Möglichkeit, Vögeln wieder mehr Lebensräume zu bieten: Öffnen Sie Ihren Garten für die Natur. Pflanzen Sie reichlich heimische Wildsträucher, verzichten Sie auf den Einsatz von Pestiziden und künstlichen Düngern und bieten Sie den Vögeln auch Kleinstrukturen wie Komposthaufen, eine Wiese mit Wildblumen und Wildgräsern, Holzstapel, dichtes Gestrüpp an Boden und Hauswänden oder eine kleine Wasserstelle an.

Denken Sie nicht, das sei nur ein Tropfen auf den heißen Stein: Sie sind als Gartenbesitzer ja nicht allein – und wenn Sie anfangen, Ihren Garten naturgemäß umzugestalten, schließen sich Ihnen vielleicht weitere Gärtner in Ihrem Umfeld an. Auf diese Weise nimmt die Zahl der Gärten ständig zu, in denen die Natur wieder eine Chance hat.

GÄRTEN IN DEUTSCHLAND

In Deutschland gibt es rund 15 Millionen Haus- und Schrebergärten mit einer Gesamtfläche von 15 000 Quadratkilometern. Das entspricht etwa 4 % der gesamten Landesfläche. Dagegen nehmen alle Naturschutzgebiete inklusive Nationalparks in Deutschland rund 13 000 Quadratkilometer ein – die Fläche der privaten Gärten ist also größer! Und die Gärten haben noch einen entscheidenden Vorteil: Die meist kleinen Naturschutzgebiete liegen wie Inseln mitten in Landwirtschaftsflächen. Den Pflanzen und Tieren ergeht es dort wie typischen Inselbewohnern: Es ist schwierig, wenn nicht sogar unmöglich, Kontakt zu den oft weit entfernten Artgenossen anderer Inseln zu halten. Anders die Situation der Gärten. Erinnern Sie sich an den Blick auf Ihren Garten von oben: Gärten sind eben keine Inseln, sondern bilden zusammen mit den Gärten in der Umgebung vernetzte Strukturen. Tiere und Pflanzensamen sind sehr beweglich. Ein Garten ist für sie kein abgeschlossener, begrenzter Raum, sondern ein Teil dieses großen Netzwerks, den sie wie einen Weg oder Korridor nutzen können, um über den Boden bzw. durch die Luft zum Beispiel vom Waldrand A zum Waldrand B zu gelangen. Mit solch einem Netzwerk wird aktiv die Vielfalt der Lebewesen gefördert.

JEDER GARTEN ZÄHLT

Ihr Garten – und selbst wenn es nur ein Topfgarten auf Balkon, Terrasse oder im Hinterhof ist – ist also mehr als nur ein Garten. Natürlich können Sie in Ihrem Garten nicht die Welt retten und Nahrung für Millionen Insekten oder Hunderte Vögel bereitstellen – von den anderen wichtigen Tiergruppen wie Säugetieren, Eidechsen, Lurchen oder den vielen wirbellosen Kleintieren ganz zu schweigen. Aber Sie können darin einen zukunftsweisenden Beitrag für die Erde und Ihre Nachkommen leisten.

Was Sie tun, ist überhaupt nicht unbedeutend für das Ganze: Zum einen bieten Sie wenigstens einem Wildtierindividuum Nahrung, Schutz und Brutmöglichkeiten, zum anderen machen es Ihnen vielleicht die Nachbarn nach. Wenn Sie Ihren Garten oder einen Teil davon für die heimischen Tiere und Pflanzen öffnen, also auf Kiesflächen, auf das Auszupfen jedes »Unkraut«-Hälmchens oder auf Insektizide und Herbizide verzichten, dann werden Sie Teil eines naturnahen Netzwerk, dann pflanzen Sie »Zukunft«. Ab Seite 76 finden Sie jede Menge Anregungen, wie Sie das tun können.

Natürlich müssen und sollen Sie dazu Ihren Garten nicht komplett neu anlegen – er soll Ihnen ja auch Freude machen oder Ernten liefern. Aber vielleicht dürfen Wildkräuter an allen entlegenen Stellen ungestört gedeihen oder Sie wählen beim nächsten Pflanzenkauf bewusst heimische, ungezüchtete Wildarten für Garten, Balkon und Terrasse oder Sie begrünen eine kahle Wand mit tierfreundlichen Kletterpflanzen oder, oder ....

Nicht nur jede Blüte zählt, auch Strukturen wie unverfugte Steinmauern, offener Sandboden und Wasser sind für natürliche Netzwerke wichtig.

EIN BLICK IN VERSCHIEDENE GÄRTEN

Je »schlampiger« der Garten, desto besser – so die Überschrift eines Artikels anlässlich des Weltbienentags, der alljährlich am 20. Mai begangen wird. Doch wie sehen Gärten heute aus? Eine Bestandsaufnahme.

Wenn die Welt außenherum sich schon nicht im Gleichgewicht befindet, sollte sie wenigstens im eigenen Garten besser sein – so lautet der Wunsch. Wenn man jedoch durch die Vorstädte und Gartenviertel flaniert, ergibt sich leider oft ein anderes Bild. Denn leider hat die Entwicklung in der Landwirtschaft der letzten Jahrzehnte auch vor vielen Gartentoren nicht haltgemacht: Mineralische Dünger werden mit vollen Händen auf Beeten und Rasenflächen ausgebracht – denn »viel hilft ja viel«. Gegen jedes noch so kleine Lebewesen, das nicht Marienkäfer oder Biene heißt, werden Gifte mittels Sprühflasche, Gießkanne oder als Granulat ausgebracht. Und auf den Fuhrpark an Maschinen, der in Garage und Schuppen in fast jedem Garten steht, wäre vor 100 Jahren jeder Landwirt stolz gewesen. Da wird gemäht, getrimmt, geschnitten, abgeräumt, weggeblasen, aufgesaugt, weggeräumt, Ordnung geschaffen – alles muss unter Kontrolle sein. Existenzberechtigung im Garten hat nur das, was der Gärtner will, alles andere muss weg.

Schluss mit der Garten-Festung: Den Zaun für Igel öffnen, Folie entfernen und eine Wiese wachsen lassen.

STERILE GÄRTEN BELEBEN

Die Leidtragenden dieser Entwicklung sind mehr oder weniger dieselben wie in der Landwirtschaft: Insekten und andere wirbellose Kleintiere, Reptilien, Fledermäuse sowie Vögel. Vielen Gärtnern scheinen diese Zusammenhänge leider immer noch nicht bewusst zu sein. Sie lieben zwar Meise, Rotkehlchen und Co., gehen aber trotzdem mit Insektiziden gegen ihre Nahrung wie etwa Läuse vor. Verabschieden Sie sich also von der Vorstellung, dass ein Garten aufgeräumt und steril sein muss. Er darf ruhig »schlampig« sein – in dem Sinn, dass er ein gewisses Maß an Wildnis besitzt. Oft lassen sich solche sterilen Gärten mit ein paar einfachen Maßnahmen mit einer »Portion Wildnis« beleben. Schauen wir uns beispielhaft ein paar mustergültig »ordentliche« Gärten an und überlegen, wie man sie ökologisch aufwerten könnte.

Beispiel 1: Der Kies-Schotter-Vorgarten

Als pflegeleichte Möglichkeit gedacht breiteten sich mit Kies, Splitt und Schotter gestaltete Vorgärten in Windeseile aus. In diesen künstlichen

Sommer im Garten mit üppig blühenden gelben Königskerzen, roter Indianernessel, blauem Rittersporn und weißem Baldrian. Und wenn die Blütenpracht verwelkt, bleibt sie stehen und darf Samen bilden.

Kieswüsten wird der Boden mit einer Folie bedeckt, in die nur sporadisch Pflanzen eingesetzt sind. Im Sommer heizen sich die leblosen Flächen auf, kein Vogel, kein Schmetterling, keine Biene taucht hier auf. Zu Recht wurde diese Gestaltung schon bald angeprangert von Initiativen wie »Entsteint euch!«. In manchen Bundesländern wie etwa Baden-Württemberg sind diese »Gärten« mittlerweile sogar verboten.

Doch was tun, wenn der eigene Vorgarten dermaßen verunstaltet ist? Das Einfachste ist, wenn Sie in die bodenbedeckende Folie dicht nebeneinander viele Kreuzschlitze schneiden und in diese heimische Sträucher und Wildpflanzen setzen. Dafür bieten Wildpflanzengärtnereien auch fertige Pflanzpakete an. Am sinnvollsten ist es allerdings, den Vorgarten neu anzulegen: Dazu entfernt man nach dem Abräumen der Steine die Folie und sät auf dem toten Boden eine Gründüngung aus. Danach könnten Sie die Fläche etwa wie in dem Vorschlag »Start-up: 10 m² Naturheimat« bepflanzen (→ Seite 112). Die Steine schütten Sie als ökologisch wertvollen Steinhaufen auf, den Kies nutzen Sie als Hinterfüllung für eine Trockenmauer.

Beispiel 2: Monotoner Rasen, spärliche Beete

Wenn man sich den Garten als ein Gemälde vorstellt, so ist in vielen das eigentliche Bild eine eintönige Rasenfläche und der Rahmen besteht aus braunem Erdboden mit vereinzelten Tupfen aus zurechtgestutzten Pflanzen. Wenn Sie ein solches »Bild« beleben möchten, lassen Sie beim Mähen ganz einfach Inseln im Rasen stehen und bepflanzen Sie mit verschiedenen Wiesenblumen wie Margeriten, Wiesen-Salbei u. a. sowie mit Frühjahrsblühern wie Krokussen, Traubenhyazinthen, Wildtulpen und anderen Zwiebelblumen. Der »Rahmen« wird bunter, indem Sie den nackten Erdboden mit Laub bedecken und Bodendecker pflanzen. So entsteht nach und nach ein strukturreicher Garten.

Beispiel 3: Sterile Flächen und Fugen

Immer noch wird häufig jeder Pflanzenbewuchs aus den Fugen von Wegen und Flächen akribisch beseitigt, abgeflammt oder gar mit Chemie entfernt. Das Ergebnis sind leblose, sterile Mauern und Böden – das Gegenteil von lebensfreundlichen Bereichen. Statt solche Fugen zu reinigen, können Sie bewusst Blühendes in die schmalen Ritzen säen – beispielsweise eine Samenmischung für Kies-, Schotter- oder Trockenrasenflächen. Sind die Fugen etwas breiter, können Sie sie mit Thymian, Mauerpfeffer, Glockenblumen, Frauenmantel, Römischer Kamille, Gelbem Lerchensporn oder Edel-Gamander bepflanzen.

GÄRTNERN AUS DER PERSPEKTIVE DER NATUR

NEUE GÄRTEN BRAUCHT DAS LAND

Im Idealfall besteht ein Garten aus einer Mischung von angepflanzten und heimischen Wildpflanzen, die von selbst in den Garten eingewandert sind. Die Aufgabe des Gärtners besteht in fürsorglicher Pflege zum Wohle aller.

Schauen wir uns unsere Kulturlandschaft an, unsere Grünanlagen und Siedlungen, so schauen wir in den Spiegel: In diesem Spiegel sehen wir unser Wesen, unsere Haltung. Wir sehen, dass wir – oder viele von uns – den Bezug verloren haben zur Natur, zu dem, was natürlich ist. Und wir sehen, dass wir alles unter Kontrolle haben wollen. Für solche Eltern, die kontrollierend mit ihren Kindern umgehen, gibt es einen Begriff: Helikoptereltern. Argwöhnisches »Helikoptern« findet aber nicht nur gegenüber Kindern statt, sondern auch gegenüber allem Wilden – in der freien Natur (Wölfe, nein danke) ebenso wie in unseren Gärten (Unkraut, nein danke, Läuse, nein danke). Auch im Garten soll alles streng nach Plan geschehen – ich nenne das »Helikoptergärtnern«.

PERSPEKTIVENWECHSEL: ZURÜCK ZUR NATUR

Unberührte Natur sehen wir gern im Urlaub oder in Naturfilmen. Bei uns finden wir sie bestenfalls noch im Norden oder Osten Europas, vielleicht noch im Mittelmeerraum. Dort gedeiht noch allerlei Wildes auf Steinmauern und an unbefestigten Weg- und Straßenrändern, umschwirrt von zahlreichen Blütenbesuchern. Kehrt man zurück, fällt einem sofort der Unterschied auf – dort romantisch und wild, hier steril und aufgeräumt. Das klingt vielleicht etwas verklärt, aber unordentliche Gärten, wie sie zumindest für Wildblumen, Insekten, Vögel und alle anderen Wildtiere wichtig wären, findet man bei uns noch viel zu selten.

Wo gibt es noch eine Wiese, die im natürlichen Lebenszyklus der Pflanzen wachsen darf – vom Keimen und Austreiben über Blühen, Fruchten und Samenbilden bis zum Verwelken und Eingehen? An diesen Kreislauf, der seit Millionen Jahren existiert und dem wir eine solch enorme Fülle an Pflanzen- und Tierarten verdanken, sind die heimischen Lebewesen angepasst.

Doch dieser natürliche Zustand einer Wiese übers Jahr, egal ob fett oder mager, egal ob unter Streuobstbäumen oder am Straßenrand, ist für unser Auge fremd geworden. Normal geworden ist dagegen, was wir überall beobachten: Mehrmals im Jahr gemähte Wiesen und kurz geschorene monotone Rasenflächen. Das Mähen und das anschließende Trocknenlassen des Mähguts, das früher noch sinnvoll und wichtig war – Heu liefert schließlich wichtige Nahrung fürs Vieh –, dient heute auf vielen Flächen nur noch der Ordnung. Die Insekten – und natürlich alle anderen Wildtiere – sind aber auf den natürlichen Kreislauf der Pflanzen in ihrem Lebensraum angewiesen. Generalisten gelingt es vielleicht, Ersatzstrukturen zu nutzen. Für Spezialisten, und das sind die meisten Arten, kann der Rückgang einer einzigen Pflanzenart jedoch das Aus bedeuten (→ Seite 46).

Aus dieser Misere finden wir nur heraus, wenn wir wieder lernen wahrzunehmen, was natürlich ist, und wenn wir gegenüber Natur und Garten eine neue Haltung einnehmen und entsprechend handeln. »Jede Blüte zählt« bedeutet in diesem Sinn: Gärtnern nach dem Vorbild der Natur.

DAS UNTERIRDISCHE NETZWERK: DER BODEN

Die Zukunft Ihres Garten liegt im Boden, deshalb gebührt ihm größte Sorgfalt und Pflege. Er gibt Pflanzen nicht nur Halt und versorgt sie mit allem, was sie brauchen, sondern beherbergt einen ganzen Mikrokosmos.

Machen Sie sich bewusst, wie wir heute mit dem Boden umgehen: Er wird umgepflügt und umgegraben, weggeschafft, bebaut und versiegelt, mit Unkrautvernichtungsmitteln, Gülle und Düngern bespritzt und schutzlos Sonne, Wind, Hitze und Regen ausgesetzt. Wir fahren mit schwerem Gerät auf ihm und treten im Garten auf ihm herum. Kurzum: Wir verhalten uns, als ob es Boden in unendlicher Fülle gäbe. Dabei ist der Erdboden nur eine recht dünne Schicht, die das Gestein im Untergrund (aus dem es durch Verwitterung entstanden ist) bedeckt. Sobald Sie einmal ein Pflanzloch für Ihren ersten Baum oder Strauch gegraben haben, wissen Sie, wie dünn die aus mineralischen Bestandteilen und Humus bestehende Bodendecke in Ihrem Garten ist.

Doch der Boden ist so viel mehr als nur die Summe aus Mineralien und Humus, wie Sie sie als Blumenerde in Säcken erwerben können. Tatsächlich gibt er Ihren Pflanzen nicht nur Halt und versorgt sie mit Wasser und Nährstoffen, sondern ist in seiner Gesamtheit lebendig und Grundlage allen Lebens auf der Erde: Ohne einen lebendigen Boden wäre kein Leben auf dem Festland möglich.

Regenwürmer sind die Meister darin, den Boden zu lockern und eine gute Krümelstruktur herzustellen.

NETZWERK BODEN

Nur 5–7 % des Erdbodens bestehen aus organischen Substanzen, von denen wiederum der größte Anteil tote Biomasse – also abgestorbene und umgewandelte Pflanzen- und Tierreste – ausmacht. Der lebendige Anteil – also Pflanzenwurzeln und Bodenorganismen – umfasst ca. 1 %. Diese Lebewesen sind auf vielfältige Weise miteinander vernetzt, sie nutzen den Raum für vielerlei Lebensprozesse wie Ernährung, Kommunikation und Immunabwehr.

Die Gesamtheit der Bodenorganismen wird auch Edaphon genannt. Es besteht aus Vertretern aller Reiche, aus Bakterien, Pilzen, Pflanzen und Tieren (→ Kasten). Tatsächlich gehört ein gesunder Boden zu den artenreichsten Ökosystemen der Erde. So wie über der Erde gibt es auch im Erdreich komplexe Nahrungsnetze, deren Basis vor allen Dingen abgestorbene Pflanzenreste, tierischer Kot und Aas sind. Am Ende der Abbauprozesse in die-

Ein Blick in den Boden

Folgende Bodenorganismen finden sich in 0,3 m³ gesundem Erdreich (das entspricht einer Fläche von 1 × 1 m und 30 cm Tiefe):

- je 50 Asseln, Spinnen und Schnecken
- 80 Regenwürmer
- je 100 Larven von Käfern und Zweiflüglern (Fliegen und Mücken)
- 300 Hundert- und Tausendfüßer
- 10 000 Borstenwürmer (Enchyträen)
- 25 000 Rädertiere
- 50 000 Springschwänze (Urinsekten)
- 100 000 Milben
- 1 Million Fadenwürmer (Nematoden)
- 2,5 Billionen Mikroorganismen (Bakterien, Pilze und Algen)

sen Nahrungsnetzen stehen die in den organischen Resten enthaltenen Nährstoffe wieder den Pflanzen zur Verfügung (→ Seite 34).

DAS IMMUNSYSTEM BODEN

Mikroorganismen, auch Mikroben genannt, umgeben als Rhizosphäre die Pflanzenwurzeln in einer hauchdünnen Schicht. In ihr kommunizieren die Wurzeln auf chemischem Weg mit den Mikroorganismen, damit diese die gerade benötigten Nährstoffe für die Pflanzen bereitstellen. Wie dies funktioniert, erfahren Sie auf Seite 32.

Untersuchungen haben gezeigt, dass in gesunden, also natürlichen Böden vor allem nützliche Mikroben vorkommen, die die Pflanzen unterstützen, während in kranken, gar toten Böden schädliche Mikroorganismen die Oberhand gewinnen.

Die nutzbringenden Mikroben sorgen für besseres Wachstum, unterstützen die Abwehr von Krankheiten und helfen, Umweltstress jeglicher Art – hervorgerufen zum Beispiel durch den Klimawandel – besser zu bewältigen. Im Boden geht es somit ähnlich zu wie in unserem Darm: Gesunde, ausgewogene Vollkosternährung fördert die »guten« Darmbakterien, während zuckerreiche oder andere unausgewogene Nahrung die »schlechten« Bakterien fördert.

Das Immunsystem der Pflanzen liegt also im Boden. Dort entscheidet sich, ob die Pflanzen gesund heranwachsen oder ob sie anfällig für Krankheiten oder einen Massenansturm von Pflanzensaugern sind. So wie sich beim Menschen eine gestörte Verdauung auf den gesamten Organismus auswirkt, so verhält es sich laut aktueller Forschung auch bei Pflanzen: Wenn der Boden nicht gesund ist, wird auch die Pflanze schwach und krank.

Die nützlichen Bodenbakterien dagegen unterstützen das Immunsystem der Pflanze und helfen, krank machende Bakterien, Viren und Pilze abzuwehren. So haben in einer gesunden Lebensge-

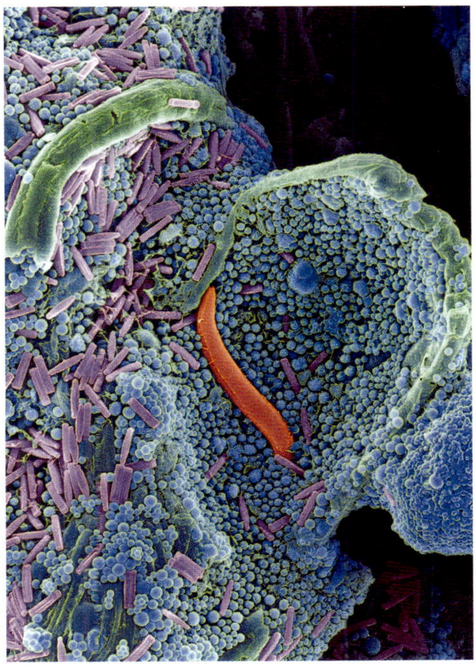

Heterorhabditis-Nematoden (Fadenwürmer) sind willkommene Helfer im Garten: Sie sind Gegenspieler wurzelfressender Dickmaulrüssler-Larven.

meinschaft im Erdreich bodenbürtige Krankheitserreger kaum eine Chance. Und sollten sie doch einmal in eine Pflanzenwurzel eindringen oder Blätter befallen, so »rufen« von der Wurzel ausgeschiedene Substanzen (wie etwa Apfelsäure) nützliche Mikroben (etwa Heubakterien) herbei, die die pflanzliche Abwehr unterstützen. Im kranken oder toten Boden rufen Pflanzenwurzeln allerdings vergeblich …

MYKORRHIZA – EINE GEMEINSCHAFT FÜRS LEBEN

Im Boden liegt auch ein weiteres lebenswichtiges Netzwerk – das zwischen Pflanzenwurzeln und Pilzen. Diese Symbiose wird Mykorrhiza genannt.

Pilzsammler wissen um die lebenswichtige Verbindung zwischen Pilzen und ihren Bäumen – den Birkenpilz suchen sie nur unter Birken.

Nicht nur Bäume im Wald, sondern ungefähr 90 % aller Landpflanzenarten inklusive Gräser bilden mit jeweils bestimmten Pilzen eine solche Mykorrhiza-Lebensgemeinschaft. Während die Bäume meist mit verschiedenen Ständerpilzen wie Steinpilz etc. in Symbiose (Ektomykorrhiza) leben, gehen Kräuter, Blumen, Stauden, Gräser und Halbsträucher eine Endomykorrhiza mit niederen Pilzarten ein. Diese wachsen unterirdisch und bilden keine typischen Fruchtkörper mit Hut und Stiel. Die Myzelfäden des Pilzes umspinnen im Boden die feinen Wurzelenden oder dringen sogar in die Wurzeln ein. Diese innige Symbiose hat für beide einen großen Vorteil: Der Pilz versorgt die Pflanze mit Nährelementen, Mineralstoffen und Wasser, während er von der Pflanze die für sein Wachstum benötigten Zuckerverbindungen (Kohlenhydrate) erhält. Untersuchungen zeigen, dass Bäume etwa 80 % ihres Bedarfs an Stickstoff- und Phosphorverbindungen über den Pilz erhalten. Dadurch fördert die Symbiose direkt das ober- und unterirdische Wachstum sowie die Bildung von Blüten, Samen und Früchten. Zudem schützt das Pilzgeflecht die Pflanzenwurzel vor dem Eindringen von Schädlingen. So sind beide Partner – Pflanze und Mykorrhizapilz – aufeinander angewiesen. Stirbt der Baum, so stirbt auch sein Pilzpartner – und umgekehrt.
Auf überreich vorhandene Stickstoffverbindungen reagiert der Pilzpartner besonders empfindlich. Dann kann er die Wurzeln nicht mehr ausreichend bei der Mineralstoff- und Wasserversorgung unterstützen. Kommt nun weiterer Stress wie extreme Wetterschwankungen mit langer Trockenheit oder starker Nässe hinzu, werden die Pflanzen noch mehr geschädigt: Bäume verlieren beim nächsten Sturm unter Umständen den Halt im Boden oder werden von parasitischen Pilzen oder Borkenkäfern befallen und sterben schließlich ab.

EINE NEUE HALTUNG ZUM BODEN

In früheren und indigenen Kulturen wurde und wird der Boden als »Mutter Erde« geschätzt, verehrt und fürsorglich behandelt.

Dagegen wurde in modernen Gesellschaften, einhergehend mit der Industrialisierung und Ökonomisierung, auch der Boden zum Rohstoff, den man schonungslos ausbeuten und benutzen kann. Diesen unachtsamen Umgang findet man bei uns fast überall – in der Landwirtschaft, beim Erschließen von neuen Siedlungen oder Industriegebieten, aber auch auf Privatgrundstücken (Versiegelung von Terrassen- oder Hofflächen, Abdeckung mit Folien in »Schottergärten« oder zum Mulchen) und in der Natur (unerlaubte Müllentsorgung). Erst langsam sickert ins Bewusstsein, wie wertvoll die obersten Zentimeter der Erdoberfläche sind und dass der Boden bedroht und nur endlich verfügbar ist. Boden bildet sich nur sehr langsam – in 100 Jahren entsteht gerade einmal eine 6 mm dicke Schicht. Ist der Boden zerstört, dauert es viele Generationen, bis er sich wieder neu gebildet hat. Im gesunden Boden geht es nicht nur den Bodenbakterien gut, sondern auch den Pilzen – beide Partner sind lebensnotwendig für die Pflanzen. Wird jedoch das Gleichgewicht im Boden gestört, so hat das Folgen für das komplexe Miteinander von Bakterien, Pilzen und Pflanzen und bringt viele Netzwerke aus dem Gleichgewicht. Im Wissen um diese Zusammenhänge bekommt der Boden eine Bedeutung, die zu einem achtsameren Umgang mit ihm und den in ihm lebenden Organismen führt.

Diese Pflanze zählt!

GEMEINE VOGELMIERE

Stellaria media

Die Pflanze gilt manchen Gärtnern als »Unkraut«, weil sie Unmengen Samen bildet, die das ganze Jahr keimen. Genau das sind aber dicke Pluspunkte:

1. Bedeckt den Boden, solange nichts angebaut wird, und bietet optimalen Bodenschutz das ganze Jahr über.
2. Lässt sich, wenn nötig, dank zarter Wurzeln rasch ausreißen.
3. Verdrängt andere, schwerer zu entfernende »Unkräuter«.
4. Hilft, zu nährstoffreiche Böden etwas »abzumagern«.
5. Bietet von Januar bis Dezember Bienen, Schwebfliegen, Käfern und anderen Insekten nektar- und pollenreiche weiße Blüten.

Ähnliche Effekte hat der Ehrenpreis *(Veronica)* mit himmelblauen Blüten.

»DER BODEN WILL DEN HIMMEL NICHT SEHEN«

Ein Blick in die Natur verrät: Abgesehen von vereinzelten Stellen – sandige Gebiete, Abrisskanten, Maulwurfshügel etc. – gibt es zu keiner Jahreszeit offen liegenden Boden. Er ist immer von Pflanzen bedeckt, selbst im Winter. Durch die Pflanzendecke sind der Boden und die in ihm lebenden Organismen vor Hitze und Kälte, Wind und heftigem Regen geschützt: Die Sonne kann den Boden nicht direkt aufheizen, die Luft zwischen den Pflanzen isoliert vor Kälte, Regengüsse treffen gebremst auf die Oberfläche, Niederschlagswasser kann keine Bodenpartikel wegschwemmen und der Wind keine Bodenpartikel wegwehen. So geschützt, können die Bodenlebewesen ihrer wichtigen Tätigkeit nachgehen: das Erdreich lockern, organische Reste abbauen und die Pflanzen bedarfsgerecht mit Nährelementen versorgen.

Von dieser Beobachtung ausgehend können wir lernen, wie wir mit dem Boden im Garten umgehen sollten.

KOMMUNIKATION IM BODEN

DARUM GEHT ES

Unbemerkt von menschlichen Sinneswahrnehmungen findet im Boden eine stille Kommunikation zwischen Pflanzen und Mikroorganismen statt. Die »Wörter« bestehen aus chemischen Substanzen.

Bakterien und pilzliche Mikroorganismen leben in der Rhizosphäre der Pflanzenwurzeln. In den aktiven Wurzelbereichen etwa in den ultrafeinen Wurzelspitzen, kommunizieren sie miteinander auf chemischem Weg. Dabei setzen die Wurzeln bestimmte organische Säuren, Aminosäuren, Zucker, Vitamine und andere Substanzen frei, mit denen sie verschiedene Mikroorganismen gezielt anlocken, um sich miteinander über das Vorhandensein von verschiedenen Nährelementen auszutauschen: Die Wurzeln geben dabei eindeutige Signale, welche Nährstoffe sie jetzt benötigen, und im Gegenzug bereiten die Mikroorganismen diese pflanzenverfügbar auf. Diese Kommunikation und diese Prozesse laufen in einem gesunden Boden ab, in dem organische Reste ganz natürlich verfügbar sind. Dieses Millionen Jahre alte Zusammenspiel kann aber nicht mehr funktionieren, wenn alle verwelkten und abgestorbenen Pflanzenreste beseitigt werden und an ihrer Stelle als Ersatz mineralischer Fertigdünger ausgebracht wird – mit wechselseiti-

Das Myzel der Pilze verbindet Wurzeln. Es breitet sich viel schneller und weiter im Boden aus als das Pflanzen-Wurzelwerk.

Um wachsen zu können, ist für die Pflanzen die Aufnahme von pflanzenverfügbarem Stickstoff unerlässlich.

gem Schaden. Denn wenn auf diese Weise die Mikroorganismen »wegrationalisiert« werden, weil sie zur Nährstoffversorgung anscheinend nicht mehr gebraucht werden, sind sie auch nicht mehr vorhanden, um die Gesundheit der Pflanzen zu schützen.

Versorgung nach Bedarf

Dadurch, dass die Pflanzenwurzeln durch chemische Botenstoffe, die sogenannten Exsudate, den winzigen Bodenbewohnern mitteilen, was sie gerade brauchen, können die Pflanzen ihren Bedarf genau steuern. Im Frühjahr etwa, wenn es darum geht, zu wachsen, werden sie so ganz natürlich mit wachstumsfördernden Stickstoffverbindungen versorgt, die dann aufgearbeitet werden. Im Herbst dagegen ist, um Schäden durch Kälte und Frost vorzubeugen, der Bedarf an Kaliumsalzen größer. Nun brauchen die Pflanzen keinen Stickstoff mehr, im Gegenteil. Jetzt würde Stickstoff die Pflanzen frostempfindlich machen, weil sie durch ihn zu stark wachsen und weiches Gewebe bilden.

Weil die Exsudate die Lebensbedingungen für die Bodenmikroben in den wurzelnahen Bereichen verändern, etwa durch die Veränderung des pH-Werts, beeinflussen die Pflanzen, in welchem Ausmaß organische Reste und Bodenmineralien von den Mikroorganismen abgebaut und umgesetzt werden. So ruht in einem gesunden Boden im Herbst die Bereitstellung von pflanzenverfügbaren Stickstoffverbindungen. Der Stickstoff bleibt an organischen Substanzen gebunden und wird nicht pflanzenverfügbar freigesetzt. Das kommt nicht nur den Pflanzen zugute, sondern auch dem Grundwasser: Wo es keine freien Stickstoffverbindungen gibt, können diese auch nicht ins Grundwasser gelangen.

In dieses sehr komplexe, dynamische Zusammenspiel zwischen Pflanzenwurzeln und Bodenmikroben bekommen wir erst langsam Einblicke. Doch das, was wir jetzt schon wissen, zeigt ganz deutlich: Boden, Mikroorganismen und Pflanzenwurzeln bilden ein inniges Netzwerk, das zum Wohle aller Beteiligten bestens funktioniert – im gesunden Boden.

Kalium härtet Pflanzen ab und macht sie kälteresistent. Enthält der Boden zu viel Nitrat, können sie kein Kalium aufnehmen.

DAS ZUSAMMENSPIEL DER NÄHRSTOFFE

Pflanzen brauchen mehr als Luft und Liebe. Mit den Wurzeln nehmen sie Wasser und Nährstoffe auf, mit den Blättern CO_2. Daraus bilden sie mithilfe des Sonnenlichts Zucker für den Pflanzenkörper und zur Energiegewinnung.

Die lebensnotwendigen Nährstoffe beziehen Pflanzen aus dem Boden. Doch wie gelangen sie dorthin? Auf ganz natürliche Weise. Überall auf der Erde unterliegt die organische Materie gewaltigen Stoffkreisläufen in natürlichen Netzwerken, die sich seit Beginn der Evolution wechselseitig gebildet haben. Grob gesagt bestehen – mit Ausnahme des Lebensraums Tiefsee – fast alle Stoffkreisläufe aus diesen Gliedern:

- aus Pflanzen als Primärproduzenten,
- aus Tieren als Pflanzenfressern, die von fleischfressenden Tieren erbeutet werden, von denen sich wiederum andere Fleischfresser ernähren,
- und schließlich den Zersetzern (Destruenten), die sich von abgestorbenen Pflanzenteilen, tierischen Kadavern und Ausscheidungen ernähren und diese verdaut ausscheiden. Letztere bauen die organische Substanz in wiederum komplexen Netzwerken ab, sodass diese schließlich in ihre einzelnen Bausteine zerlegt wird.

Diese Bausteine wie Nitrat (aus aufgearbeitetem Ammonium) oder Phosphat sind die Nährstoffe der Pflanzen, die daraus zusammen mit den bei der Fotosynthese gewonnenen Zuckerverbindungen wieder neue Pflanzenmasse herstellen.
In diesem letzten Schritt durch die Zersetzer liegt der entscheidende Unterschied zu mineralischen Düngern: Nach diesem natürlichen Abbau sind die verschiedenen Nährstoffe organisch (wie in Humus), mineralisch (etwa an Gestein) oder an Bodenteilchen (wie Tone) gebunden. Sie liegen so gut wie gar nicht frei im Boden oder Bodenwasser vor und können somit weder Salzschäden hervorrufen noch vom Regen ins Grundwasser gespült werden.
Diesen Kreislauf des Abbaus können Sie im Wald beobachten: Im Herbst fällt tonnenweise Falllaub auf den Boden. Doch bis zum folgenden Herbst haben die Destruenten diese Blättermasse gefressen und beseitigt. So düngt sich der Wald selbst.
In natürlichen Lebensräumen kommen noch zersetztes Totholz – also Stämme, Äste, Zweige – sowie die Ausscheidungen von Rehen, Wildschweinen und anderen Tieren als Nährstofflieferanten dazu. Und weil Pflanzen in verschiedenen Ent-

Falllaub ernährt Bodenorganismen. Diese stellen seine Nährstoffe den Pflanzen wieder zur Verfügung.

Dank ihrer schleimigen Spitze wächst die Wurzel leicht durch den Boden. Dahinter liegt die Zone mit den feinen, nur kurzlebigen Wurzelhaaren, die Wasser und Nährstoffe aufnehmen.

wicklungszuständen verschiedene Nährstoffe benötigen – im Frühjahr wachsen sie, ab Hochsommer wird das Gewebe gekräftigt, damit die Pflanzen frosthart werden –, kommunizieren sie mit den Bodenbakterien, die ihnen diese bedarfsgerecht und pflanzenverfügbar liefern (→ Seite 32).

DIESE NÄHRSTOFFE BRAUCHEN PFLANZEN

Pflanzen benötigen für den Bau bestimmter Moleküle oder für Stoffwechselprozesse unbedingt verschiedene mineralische Elemente. Diese können sie nicht selbst herstellen, sondern sie müssen sie in Form von Ionen über die Wurzeln aufnehmen. Zu den Hauptnährstoffen (Makronährstoffe), die Pflanzen in größeren Mengen benötigen, gehören:

- Stickstoff (N) als Baustein von Proteinen sowie des Blattgrüns (Chlorophyll): Fehlt Stickstoff, fährt die Pflanze die Fotosynthese zurück oder stellt sie ganz ein. Das erkennen Sie daran, dass sich ältere, später auch jüngere Blätter gelblich verfärben und abfallen. Die ganze Pflanze kümmert. Aber auch Stickstoffüberschuss ist schädlich: Die Pflanzen wachsen zwar, aber das Gewebe ist weich und schwammig und anfällig für Schädlinge und Krankheitserreger (→ Seite 64).
- Phosphor (P) ist Bestandteil der Erbsubstanz (DNS) sowie verschiedener Enzyme und Energieträger. Er fördert die Bildung von Blüten und Früchten. Bei einem Mangel kümmern die Pflanzen, verfärben sich dunkelgrün und bilden kaum noch Blüten und Früchte. Ein Überschuss ist für die Pflanzen schädlich, weil dadurch die Aufnah-

Was heißt »pflanzenverfügbar«?

78 % der Luft bestehen aus elementarem Stickstoff (N_2). Doch obwohl jede Pflanze von dieser unbegrenzt zur Verfügung stehenden Stickstoffquelle umgeben ist, nutzt ihr das nichts. Denn außer den Leguminosen (→ Seite 37) können Pflanzen molekularen Stickstoff weder aufnehmen noch verwerten. Stickstoff sowie andere Nährstoffe können die Pflanzen über ihre Wurzeln nur in Form von Ionen, also elektrisch geladenen Teilchen, absorbieren. Diese Ionen stellen die Bodenorganismen bereit, d. h., sie werden von ihnen für die Pflanzen verfügbar gemacht.

me anderer Nährelemente wie Eisen und Zink behindert wird. Die Pflanzen leiden dann unter Eisen- und Zinkmangel. Im Boden spielt Phosphor eine wichtige Rolle bei der Krümelbildung.

- Kalium (K) brauchen Pflanzen zur Regulierung ihres Wasserhaushalts und zum Stofftransport. Es sorgt außerdem dafür, dass sich das Gewebe festigt. So werden die Pflanzen widerstandsfähig gegen Frost sowie Schädlinge und Krankheiten. Mangelsymptome sind dieselben wie bei Wassermangel: Die Pflanze welkt, die Blätter werden gelb und rollen sich ein. Ein Kaliumüberschuss kann die Aufnahme von Magnesium behindern.
- Magnesium ist das zentrale Element für das Blattgrün (Chlorophyll). Pflanzen brauchen es

Tomaten bilden unermüdlich Früchte und brauchen deshalb viel Kalium. Mulch aus Beinwellblättern hilft.

Seit den 1970er-Jahren gibt es einen massiven Überschuss von Stickstoff und Phosphat im Boden. Dies führt zum Rückgang der Pflanzenvielfalt und zu Vergrasung.

auch für verschiedene Stoffwechselvorgänge. Bei einem Mangel vergilben die Blätter von der Mitte aus, die Blattadern bleiben aber lange grün. Ein Überschuss kommt nur sehr selten vor.

- Kalzium (Ca) ist wesentlicher Bestandteil der Zellwände und wichtig für Stoffwechselprozesse. Bei einem Mangel werden die jungen Blätter hell, Stängel knicken leicht ab.
- Schwefel ist für den Aufbau von Proteinen und Enzymen nötig. Fehlt es an Schwefel, treten ähnliche Symptome auf wie beim Stickstoffmangel. Bei einem Überschuss, z. B. in Form von Luftschadstoffen wie Schwefeldioxid, können sich Blätter verfärben und sogar ganz absterben.

Darüber hinaus brauchen Pflanzen in geringen Mengen Spurenelemente (Mikronährstoffe) wie Eisen, Zink, Bor, Kupfer, Nickel, Molybdän und Mangan.

All diese Nährstoffe beeinflussen sich im Innern der Pflanze gegenseitig, wie etwa Stickstoff und Kalium: Hat eine Pflanze zu viel Stickstoff aufgenommen, wachsen die Blätter stark. Es entsteht viel Blattmasse – die großen, weichen Blätter sind jedoch anfälliger für Krankheiten, Schädlinge und Frost. Denn ein Überschuss an Stickstoff behindert die Kaliumaufnahme, was zu einem Mangel und zu weichem Gewebe führt. Ausreichend Kalium macht die Pflanze dagegen widerstandsfähig gegen Frost und Dürre, es härtet die Pflanzen für den Winter ab. Deshalb darf ab August nicht mehr mit Stickstoff gedüngt werden.

Unter natürlichen Bedingungen kommt ein solcher Nährstoffüberschuss nicht vor, weil die Nährstoffe im Boden ja an Bodenteilchen etc. gebunden sind und erst bei Bedarf von den Bodenbakterien für die Pflanzen verfügbar gemacht werden. Anders bei Düngung mit mineralischen Salzen: Diese liegen frei als Ionen im Bodenwasser vor und werden so lange aufgenommen, bis sie im Boden aufgebraucht, mit dem Regen davon- oder ins Grundwasser geschwemmt werden. Dadurch kommt es zu den bekannten Überdüngungsschäden.

DER WENDEPUNKT: SYNTHETISCHE DÜNGER

Mitte des 20. Jahrhunderts gelang die Herstellung von synthetischen Mineraldüngern zu erschwinglichen Preisen. Von diesem Zeitpunkt an eroberten sie nicht nur die Felder und Grünland, sondern auch die Privatgärten. So wurde und wird der Boden mit Stickstoffsalzen, die im Boden zu Ionen zerfallen, gleichsam überschwemmt. Das steigert zwar den Ertrag, hat aber negative Folgen. Auf den landwirtschaftlichen Flächen, aber auch in Gärten werden durch die Überdüngung Wildpflanzen verdrängt, die nicht mit hohen Stickstoffmengen klarkommen. Auf der anderen Seite werden mit Stickstoff überdüngte Gartenpflanzen anfällig für Schädlinge und Krankheiten, was meist zum Griff nach Pflanzenschutzmitteln führt. Außerdem werden nur 30–50 % des Stickstoffs in Kunstdüngern

Klee gehört zu den Leguminosen. Diese Pflanzen können elementaren Stickstoff aus der Luft fixieren.

von den Pflanzen aufgenommen. Der Überschuss gelangt ins Grundwasser und reichert sich dort sowie im Boden in Form schädlicher Nitrate an. Zusätzlich zu mineralischen Düngesalzen landet jede Menge Gülle auf Feldern und Wiesen (vornehmlich im Winter, obwohl dann die Bodenorganismen ruhen) und mit jedem Regen gelangen zusätzlich Stickstoffverbindungen aus den Abgasen von Heizungen und Motoren aus der Luft in die

Stickstoff in der Natur

Natürlicherweise kommt Stickstoff in vielen Böden nur in geringer Menge vor. Vor allen Dingen sandige und moorige Böden enthalten nur wenig Stickstoff. Aus diesem Grund haben manche Pflanzen Strategien entwickelt, wie sie an mehr Stickstoff gelangen können: Die Hülsenfrüchtler (Leguminosen) etwa sind in ihren Wurzelknöllchen eine Symbiose mit Bakterien eingegangen, die den Stickstoff aus der Luft binden und für Pflanzen verfügbar machen. Fleischfressende Pflanzen wie Sonnentau oder Venusfliegenfalle wiederum haben eiweißreiche Insekten als Stickstoffquelle entdeckt, die sie mit verschiedenen Fangmechanismen erbeuten.
An die Stickstoffarmut der meisten Böden sind die Pflanzen also angepasst. Das können Sie auch leicht sehen: Die artenreichsten Wiesen mit beliebten Blumen gedeihen auf mageren Böden. Doch solche Böden sind heute selten geworden. Die meisten Böden sind durch menschliches Tun überreich an Stickstoff – mit den bekannten negativen Folgen.

Die Luzerne oder Alfalfa ist nicht nur wichtiges Viehfutter, sondern auch eine wertvolle Gründüngungspflanze.

Böden. Diese Luftdüngung ist messbar: Heutzutage sind Waldböden so stickstoffreich wie die Ackerböden in den 1950er-Jahren. Diese Luftdüngung wirkt sich auch auf Ihren Gartenboden aus.

Überdüngung trägt zum Insektensterben bei

Zu stark gedüngte Pflanzen sind für Insekten ungenießbar: Nachweislich bekommen Raupen Durchfall, wenn sie Blätter von Pflanzen auf stark gedüngten Böden fressen. Das können Sie beobachten: Auf Brennnesselblättern, die an Stellen wachsen, an denen viel uriniert wird, finden Sie keine Raupen von Tagpfauenauge, Kleinem Fuchs und anderen Brennnesseln fressenden Arten.

EINE NEUE HALTUNG ZUM DÜNGEN IST NOTWENDIG!

Die negativen Folgen des Einsatzes von mineralischem Kunstdünger auf die Böden und seine energieintensive Herstellung lassen nur einen Schluss zu: Steigen Sie um auf natürliche Düngung mit organischem Mulch, Gründüngung und Kompost – ganz nach dem Vorbild der Natur (→ ab Seite 86). Dadurch fördern Sie die Gesundheit des Bodens und die Symbiose der Pflanzen mit Mikroorganismen und Pilzen (Mykorrhiza). Ihre Pflanzen werden stark und widerstandsfähig. Mit einer naturgemäßen Düngung tragen Sie außerdem dazu bei, dass das Grundwasser sauber bleibt, und Sie leisten auch einen Beitrag zum Klimaschutz.

BODEN- UND KLIMASCHÜTZER REGENWURM

Die wichtigsten Helfer bei der Verbesserung des Gartenbodens sind Regenwürmer. Ihre Tätigkeit trägt durch den Abbau von Pflanzenresten wesentlich zur Bodenfruchtbarkeit bei und ist obendrein wichtig für den Klimaschutz.

In Deutschland gibt es etwa 35 verschiedene Arten, in den meisten Böden leben von diesen bis zu neun verschiedene. Man kennt drei unterschiedliche ökologische Typen: Der Kompostwurm *(Eisenia fetida)* gehört zu den Formen, die sich in der humusreichen Bodenstreu von Falllaub, Pflanzenresten und Kompost ernähren. Der Gemeine Regenwurm *(Lumbricus terrestris)* gräbt Tunnel und Gänge tief in den Boden und zieht stärker verrottete Blätter von der Oberfläche in seine Gänge hinein. Mineralbodenbewohner wie der Grau- oder Kleine Wiesenwurm *(Aporrectodea caliginosa)* fressen in den tieferen Bodenschichten abgestorbene Pflanzenwurzeln und verrottetes Material. Alle Regenwürmer nehmen stets auch mineralische Bodensubstanzen auf und scheiden sie vermischt mit den verdauten organischen Substanzen als wertvolle Ton-Humus-Komplexe wieder aus, die die Bodenstruktur verbessern.
Neuere Forschungen belegen zudem die Rolle der Regenwürmer und anderer Bodenlebewesen im Klimaschutz: Wenn sie im Boden tätig sind und Humus produzieren, wird darin Kohlenstoff gebunden und gespeichert – auf einem Hektar Wiese sind das bis zu 100 Tonnen Kohlenstoff. Insgesamt speichert der Boden so viel Kohlenstoff wie die Atmosphäre plus alle Lebewesen zusammen.

Nachts zieht der Regenwurm Blatt für Blatt in seine unterirdischen Gänge, um sich davon zu ernähren.

Diese Pflanze zählt

BEINWELL

Symphytum officinale

Stickstoffüberdüngte Böden schwächen die Widerstandskraft der Pflanzen. Dagegen hilft Beinwell, weil er u. a. viel Kalium enthält und das Zellgewebe stärkt. Dicke Pluspunkte:

1. Mulchen mit Beinwellblättern lässt die Früchte von Tomaten ausreifen und verhindert »Grünkragen« – das sind harte, ungenießbare Stellen am Stielansatz. Ursache ist unter anderem zu viel Stickstoff.
2. Beinwelljauche, 1:10 verdünnt, ist eine gute Kaliumgrunddüngung und macht die Pflanzen kräftig und widerstandsfähig (→ Seite 89).
3. Von Mai bis September dienen die nektar- und pollenreichen Blüten langrüsseligen Bienen und Hummeln als Futterquelle.
4. Die Blätter enthalten wundheilungsfördernde Stoffe und werden für Umschläge bei Blutergüssen, Prellungen, Quetschungen, Zerrungen, Verstauchungen und Venenentzündungen verwendet. Nur auf unverletzte Hautstellen auflegen!
5. Beinwellwurzeln finden Verwendung in knochenheilenden Salben.

WIE DER ZIERRASEN TEIL DES GARTEN-NETZWERKS WIRD

Auch wenn er in Sachen Biodiversität eine glatte Sechs bekommt und aufwendig gemäht werden muss, ist ein trittfester Zierrasen für viele Gartenbesitzer ein absolutes Muss im Garten. Doch es gibt Alternativen.

Kaum ein Garten ohne Zierrasen – doch er ist ein egozentrischer Star. Kein anderer Bereich im Garten fordert übers Jahr so viel persönliche Zuwendung wie er: Wöchentlich will er gemäht werden, aber weder zu kurz noch zu lang und das Ganze auch noch zum richtigen Zeitpunkt – nämlich dann, wenn die Grashalme 6–10 cm lang sind. Das Wetter muss auch noch stimmen, es darf weder zu nass oder zu trocken noch zu heiß sein, und am besten mäht man ihn am späten Nachmittag, jedoch wegen des Bundesimmissionsschutzgesetzes unbedingt werktags vor 20 Uhr, niemals an Sonn- und Feiertagen. Zu den weiteren Kosmetikbehandlungen der grünen Diva gehört auch regelmäßiges Wässern – vor allem in Hitzeperioden, aber nicht mittags, sondern besser morgens. Abends geht auch noch. Bitte auch nicht jeden Tag, sondern immer alle vier Tage. Dazu kommen Vertikutieren, Düngen, hin und wieder Nachsäen – und das alles, damit der grüne Teppich stets schön dicht, weich und saftig grün bleibt. Bei weniger Verwöhnprogramm zeigt Ihnen der vermeintlich so gesunde Rasen in kürzester Zeit die kalte Schulter. Dann schwächelt er und Moose, Löwenzahn, Klee und Gänseblümchen breiten sich aus.

Gemäht wird die Wildblumenwiese nur noch dort, wo der Rasen als Weg dienen soll.

EINE ÖKOLOGISCHE WÜSTE

Aus biologischer Sicht ist solch ein Rasen der unnatürlichste und schwächste Teil im Garten: Damit er »englisch« bleibt, bedarf es eines enormen Aufwands – siehe oben. Ein Zierrasen ist trotz der Rasengräser ein künstlicher, steriler Bereich, er ist eine Monokultur und für Bienen, Hummeln, Schmetterlinge und andere Insekten eine eintönige Wüste, in der es nichts zu fressen gibt. Folglich ist der Rasen auch für andere Wildtiere uninteressant, von Bodenleben keine Spur – selbst Regenwürmer sind mangels Nahrung im Rasen selten, sodass Sie dort noch nicht einmal Amseln beobachten können, die nach Würmern suchen.

Ein weiterer Grund für die negative Ökobilanz des Zierrasens liegt am Mähen: Nicht nur das Betätigen des lauten, strom- oder benzinfressenden Rasenmähers trägt dazu bei, sondern vor allem das kurz gehaltene Gras. Es bietet nicht einmal Blatt-

Eine blühende Insel im Zierrasen: Stieglitze und andere Vögel fallen gern über die Gräsersamen her, sobald die Samen milchreif sind.

läusen oder Heuschrecken einen Lebensraum, die wiederum als wertvolle Nahrung für Gartenvögel dienen könnten. Ein Zierrasen ist also das Gegenteil von natürlich und lebendig.
Selbstverständlich hat ein kurz geschorener Rasen als Spielfläche für Kinder, zum Picknicken und Liegen seine Berechtigung. Aber er muss nicht den größten Teil Ihres Gartens einnehmen, und das auch noch über Jahrzehnte, selbst wenn die Kinder schon lange aus dem Haus sind. Überdenken Sie also, wozu Sie tatsächlich einen grünen Rasen brauchen oder ob Sie Ihren Garten nicht ökologisch aufwerten wollen, indem Sie die Rasenfläche verkleinern oder den Rasen ganz in eine bunte Blumenwiese umwandeln. Denn es gibt zahlreiche inspirierende Alternativen.

DEN RASEN ÖKOLOGISCH AUFWERTEN

Wenn Sie die Fläche Ihres Zierrasens auf das Notwendige reduzieren, haben Sie schon einen großen Schritt in Richtung »Zukunft pflanzen« getan. Dadurch entfällt zunächst einmal viel Arbeit und die gewonnene Zeit können Sie genießen, indem Sie die Pflanzen und Tiere im Garten beobachten.
Die einfachste Art, einen eintönigen Rasen ökologisch aufzuwerten, ist, ihn nicht mehr so oft zu mähen und zuzulassen, dass sich darin noch andere Pflanzen ausbreiten und wachsen: Beispielsweise weiße Gänseblümchen und Weiß-Klee, dessen Blüten Bienen nähren. Auch gelber Hornklee – eine wichtige Futterpflanze für Schmetterlingsraupen – stellt sich ein, ebenso Löwenzahn als Insektenmagnet, blauer Ehrenpreis und Günsel – ja, selbst Moos ist ein Gewinn, weil es an schattigen, feuchten Stellen den Rasen um so viel weicher macht als die Rasengräser und zudem ein exzellenter Wasserspeicher ist.
Gemäht wird nur dort, wo Sie einen Sitzplatz haben oder im Liegestuhl ruhen möchten. Mähstreifen führen wie Wege zu diesen Plätzen.
Alternativ können Sie Wildblumen auch gezielt ausbringen, indem Sie ungemähte Grasinseln

Weg mit dem Mähroboter

Verbannen Sie den Mähroboter aus Ihrem Garten. Nicht nur, weil immer mehr Igel unter den automatischen Messern verenden, sondern auch weil er dem Zierrasen sein letztes bisschen Natürlichkeit nimmt.

Oben: Von Juli bis September blüht der immergrüne Sand-Thymian-Rasen. Unten: Krokusse breiten sich Jahr für Jahr weiter im Rasen aus.

Den Boden abmagern

Auf einer stark gedüngten Rasenfläche wachsen bevorzugt Gräser. Wenn Sie wollen, dass dort Schritt für Schritt mehr Wildblumen wachsen, sollten Sie den Boden gezielt abmagern: Bringen Sie nach dem Mähen abmagernden Sand auf dem Rasen aus. Nach und nach werden sich immer mehr Wildblumen ansiedeln, der ökologische Wert Ihres Rasens steigt.

stehen lassen und dort Wildblumensamen einsäen oder Pflanzen setzen (→ Seite 92).
Und wenn Sie Ihren Rasen ganz schnell mit ein paar Farbtupfern anreichern möchten, gibt es diese einfache Möglichkeit: Pflanzen Sie im Herbst die Zwiebeln von Krokussen, Winterlingen, Blaustern, Schneestolz und anderen Frühjahrsblüher in den Rasen. Sie liefern den früh im Jahr fliegenden Hummeln mit ihren Blüten schon im März lebenswichtige Nahrung. Gemäht wird erst, wenn sich die Blätter nach der Blüte zurückgezogen haben.

BLUMEN- UND KRÄUTERRASEN

Vielleicht möchten Sie sich sogar ganz von ihrem Rasen verabschieden, brauchen aber eine Fläche, die trittfest, anspruchslos und pflegeleicht ist. In diesem Fall empfiehlt sich ein Blumenrasen.
Er ist ein mit Wildblumen, die mit dem Mähen zurechtkommen, angereicherter Rasen. Im Handel werden sogar fertige Blumenrasenmischungen mit 20 oder 40 % Wildkräutersamenanteil angeboten. Damit dieser Blumenrasen nicht vergrast, müssen Sie den Stickstoffgehalt im Boden gering halten – eventuell bringen Sie einmal im Jahr Sand auf der ganzen Fläche aus. Je nachdem, wie oft Sie ihn schneiden, wird er 10–30 cm hoch. Die Auswahl an Arten ist groß (→ Seite 94).

Eine weitere Alternative ist ein Kräuterrasen – einer der schönsten ist ein Thymianrasen: Seine flachen Polster duften verführerisch und sind eine exzellente Insektenweide. Geeignet sind Echter Thymian *(Thymus vulgaris)*, Sand-Thymian *(T. serpyllum)*, Zitronen-Thymian (*T. × citriodorus*), Kriechender Zitronen-Thymian (*T. herba-barona* var. *citriodorus*) und Feld-Thymian *(T. pulegioides)*. Auch wenn man beim Begehen und Darauf-Ruhen auf Bienen achten muss, ist sein Duft herrlich zum Entspannen.

WILD, BUNT UND LEBENDIG: EINE WILDBLUMENWIESE

Die lebendigste Alternative zum Rasen ist eine Wildblumenwiese – eine Mischung aus relativ hoch wachsenden Blumen, Kräutern und Gräsern. Dort summen Bienen und Hummeln, Schmetterlinge flattern umher und es tummeln sich Heuschrecken, Zikaden und Käfer. Mit ihnen finden sich Vögel und andere Tiere ein.

Wenn Sie eine Blumenwiese neu anlegen, können Sie je nach Bodenverhältnissen verschiedene Typen wählen – von der Mager- bis zur Fettwiese (→ Seite 94). Allerdings sind Wildblumenwiesen nicht trittfest. Entweder Sie legen sie in einem Bereich an, den Sie nicht begehen müssen, oder Sie verlegen Naturstein-Trittplatten durch die Wiese. Auch ein Mähstreifen kann als Weg dienen.

Ansonsten sind Wildblumenwiesen jedoch viel pflegeleichter als ein Zierrasen, denn sie müssen weder ständig gegossen noch häufig gemäht werden. Sobald die Pflanzen nach der Neuanlage eingewachsen oder nach dem Keimen zu kräftigen Pflänzchen herangewachsen sind, müssen Sie nichts mehr tun, – außer – je nach Wiesentyp – einmal im Jahr zu mähen.

Diese Pflanze zählt!

ELFEN-KROKUS

Crocus tommasinianus 'Roseus'

Unter den vielen Krokussen ist der Elfen-Krokus 'Roseus' der allerschönste! Elfengleich tanzen seine wunderschönen Blüten über Rasen und unterm Gebüsch.

Dicke Pluspunkte:

1. Er ist ganz früh im Jahr – nämlich schon im Februar und März – eine wichtige Nektar- und Pollenquelle für Hummelköniginnen, frühe Wildbienen und Honigbienen, auch für Zitronenfalter und andere frühe Schmetterlinge.
2. Er sät sich leicht aus und bildet mit der Zeit dichte Blütenteppiche.
3. Er gedeiht auf warmen, hellen Rasenflächen ebenso gut wie an kühlen, schattigen Plätzen auf feuchtem Boden.
4. Er ist pflegeleicht und anspruchslos. Gesetzt werden seine Zwiebeln im Herbst.

EIN GUTER KOMPROMISS

Wenn es Ihnen zunächst noch schwerfällt, das natürliche Bild einer Wiese als ästhetisch zu empfinden und Sie es lieber »gepflegt« haben möchten, gibt es einen Kompromiss: Mähen Sie entlang der Wege und um die Terrasse und die Beete einen mäherbreiten Streifen, den Rest der Wiese lassen Sie stehen. Das sieht ordentlich aus und Sie haben trotzdem eine Blumenwiese. Oder Sie beginnen mit einer Blumenwiesen-Insel im Rasen oder am geschwungenen Rand der Rasenfläche.

WERTVOLLE WILDKRÄUTER

Es steckt in der menschlichen Natur, Dinge zu bewerten – und so werden Pflanzen, die sich von selbst im Garten ansiedeln, oft Unkraut genannt und entfernt. Dabei spielen gerade diese Wildkräuter eine wichtige Rolle.

Im Garten treffen verschiedene Pflanzen aufeinander. Da sind einerseits die Gartenpflanzen, die jeder Gärtner bewusst einpflanzt (→ Seite 96). Andererseits gibt es noch die Pflanzen, die sich von selbst ansiedeln. Neben verschiedenen sich selbst aussäenden Gartenpflanzen wie beispielsweise Stockrosen oder solchen, die sich wie zum Beispiel Pfeffer-Minzen durch unterirdische Rhizome stark ausbreiten, gehört zu den »Einwanderern« vor allem eine Vielfalt an heimischen Wildpflanzen, gern »Unkraut« genannt. Ihre Samen ruhen im Boden, manche können noch nach Jahrzehnten auskeimen, oder sie haben mit dem Wind oder im Gefieder der Vögel den Weg in Ihren Garten gefunden. Dort keimen sie und bilden junge Pflänzchen, zum Ärger vieler Gartenbesitzer. Diese greifen dann oft sehr rasch zu Unkrautstecher und Schaufel und entfernen das missliebige Grün so schnell wie möglich. Schließlich sehen Unkräuter ja ungepflegt aus und nehmen den kultivierten Gartenpflanzen Licht, Raum, Wasser und Nährstoffe weg. Denken auch Sie so?

Durch den Einsatz von Herbiziden oder regelmäßiges Mähen sind blütenreiche Feldränder heute selten.

UNKRAUT – JA ODER NEIN?

Müssen denn Unkräuter unbedingt immer und überall entfernt werden? Tatsächlich gibt es im Garten nur ganz wenige Pflanzen, die Sie so rasch wie möglich entfernen sollten – dazu gehört das Beifußblättrige Traubenkraut, ein Einwanderer aus Nordamerika, dessen Pollen heftige Allergien auslösen können. Auch Wurzelunkräuter wie Quecke und Giersch wird man, wenn sie einmal Fuß gefasst haben, kaum noch los – hier wehrt man am besten den Anfängen. Doch was ist mit Ehrenpreis und Schöllkraut, mit Vogelmiere und Klee? Um

Von Mai bis Oktober öffnen sich an warmen, trockenen Tagen die gelben Blüten des Schöllkrauts. Sie werden von verschiedenen Blütenbestäubern besucht.

diese Frage zu beantworten, werfen wir einen Blick auf die Netzwerke unserer heimischen Wildkräuter.

DER DRAMATISCHE RÜCKGANG DER WILDKRÄUTER

Bis vor 50, 60, 70 Jahren waren Wildkräuter noch sehr weit verbreitet. Sie wuchsen auf den Wiesen, in breiten Streifen an den Rändern der Felder und sogar – wie Kornblume und Mohn – in die Getreidefelder hinein. Wildkräuter wuchsen auf den Überschwemmungsflächen der Bäche und Flüsse, an den Rändern der unasphaltierten Wege und Straßen, um Mauern und Zäune, in den Fugen von Natursteinen und auf allen Flächen, die brachlagen – und von denen gab es viele. Es gab so viele verschiedene Arten und von diesen so große Bestände, dass man sich um die heimischen Wildkräuter keine Sorgen machen musste. Einen Eindruck, wie es bei uns damals aussah, kann man noch bekommen, wenn man in die artenreichen Kulturlandschaften Siebenbürgens (Rumänien) fährt.

Diese Situation hat sich mit der Intensivierung der Landwirtschaft grundlegend verändert (→ Seite 14). Viele Lebensräume verschwanden und damit wurden zahlreiche ein-, zwei- und mehrjährigen Wildkräuter stark dezimiert.

Auch in die Siedlungen und Gärten kehrte immer mehr Ordnung ein. Statt heimischen Pflanzen dominieren knallig bunte, gezüchtete Gartenpflanzen aus dem riesigen Angebot der Gartencenter. Paral-

Unkraut ist nützlich

Es lohnt sich, die »Unkräuter« im Garten kennenzulernen: Die Arten, die sich dort ansiedeln, geben Ihnen als Zeigerpflanzen wichtige Hinweise auf den Boden: Vogelmiere, Persischer Ehrenpreis und sogar der bei Gärtnern unbeliebte Giersch zeigen einen guten Boden an, während Brennnesseln und Franzosenkraut auf feuchten, nährstoffreichen Boden oder Kriech-Quecke und Breit-Wegerich auf einen verdichteten Boden hinweisen. Viele dieser Unkräuter sind außerdem essbar wie zum Beispiel Giersch, Vogelmiere und Kohl-Gänsedistel und ergeben feine Speisen – das haben sogar schon Sterneköche wiederentdeckt.

Diese Pflanze zählt!

RUNDBLÄTTRIGE GLOCKENBLUME

Campanula rotundifolia

So schön kann »Unkraut« sein! Diese Glockenblumenart kommt auf mageren Wiesen, an Wegrändern und in Felsspalten vor. Dicke Pluspunkte:

1. Die Rundblättrige Glockenblume ist eine typische Bienenpflanze: Wildbienen und Hummeln ernten den Nektar und Pollen ihrer Blüten.
2. Sie ist eine Pflanze für Spezialisten: Die Glockenblumen-Scherenbiene sammelt in Südwestdeutschland nur Pollen dieser Glockenblume.
3. Schlafplatz: Bienen, Hummeln und viele andere Insekten finden bei Nacht, bei plötzlich einsetzendem Regen oder bei Temperaturstürzen Schutz in den Blütenglocken.
4. Die Pflanze verbreitet sich leicht von selbst im Garten
5. Die Rundblättrige Glockenblume wächst gern in Mauer- und Steinfugen und ist sehr attraktiv

lel zu den heimischen Pflanzen und durch den Einsatz von Pestiziden ging der Bestand an Wildbienen um bis zu 70 % zurück – und so fehlen den Wildkräutern auch noch die Bestäuber.

Ökologisch wertvoll

Dabei sind die heimischen Pflanzen ungemein wichtig. Sie sind die Lebensbasis aller Netzwerke in Natur und Garten, denn sie bieten den heimischen Tieren ein Zuhause: Vögel, Kleinsäuger, Insekten und andere Wildtiere finden in den Pflanzen nicht nur Lebensraum, Nist- und Brutplätze, sondern auch reichlich Nahrung.

Wie eng die Verbindungen zwischen bestimmten Pflanzen und Tieren sind, zeigen beispielhaft zwei heimische Schenkelbienenarten. Die Sumpf-Schenkelbiene *(Macropis europaea)* und die Wald-Schenkelbiene *(M. labiata)* haben sich auf den Gewöhnlichen Gilbweiderich spezialisiert. Während außer pollensammelnden Schwebfliegen kaum ein anderes blütenbesuchendes Insekt die leuchtend gelben, aber nektarlosen Blüten anfliegt, werden die beiden Schenkelbienenarten magisch von dieser feuchtigkeitsliebenden Wildpflanze angezogen: Sie sind scharf auf die prall mit fettem Öl gefüllten Drüsen, die sich an der Basis der Staubblätter befinden. Nur dort, wo sie dieses Öl ernten können, können sich Sumpf- und Waldschenkelbienen vermehren. Diese Wildbienen treffen sich daher zur Paarung stets auf Gilbweiderichblüten. Dann gräbt jedes Weibchen Hohlräume als Brutzellen in den Boden, deren Wände es sorgfältig mit dem Öl imprägniert. Erst dann trägt es Pollen und weiteres Gilbweideriсhöl als Nahrung für die Larven ein und belegt jede Brutzelle mit einem Ei. So wie diese beiden Wildbienenarten auf den Gilbweiderich angewiesen sind, geht es einem großen Teil der Insekten: Sie brauchen spezielle Pflanzen, um zu überleben.

JEDE PFLANZE IST EIN LEBENSRAUM

Jede Pflanze wird im Lauf ihres Lebens von der Keimung über die Blüte bis zur Bildung von Samen und Früchten von einer Vielzahl an Tieren auf vielfältige Weise genutzt. Selbst die Blätter und Stängel von Pflanzen, die im Herbst absterben, sind für viele Tiere wie Insekten wertvoll, weil sie ihnen das ganze Jahr über einen Unterschlupf bieten. Zwischen jeder Pflanze und verschiedenen

Tieren sowie Pilzen und Mikroorganismen bestehen komplexe Netzwerke – Mykorrhiza, die Lebensgemeinschaft von Pilzen und Pflanzen, ist ein Beispiel dafür. Aber auch verschiedene Pflanzenarten unterstützen sich gegenseitig: So senden von Raupen oder anderen Pflanzenfressern angefressene Pflanzen flüchtige organische Verbindungen (VOC) aus, mit denen sie ihre Pflanzennachbarn warnen, sodass diese Abwehrstoffe produzieren und die Schutzmechanismen hochfahren.
Die meisten pflanzenfressenden Tiere sind in der Wahl ihrer Nahrung konservativ. Schmetterlingsraupen etwa ernähren sich meist nur von den Blättern einer oder ganz weniger Pflanzenarten. Wo diese Futterpflanzen nicht wachsen, kommt die betreffende Art nicht vor. Tagpfauenauge und Kleiner Fuchs sind nur deshalb noch weit verbreitet, weil ihre Raupen sich von den häufigen Brennnesseln ernähren. Anders sieht es beim Kleinen Perlmuttfalter aus. Ihn gibt es zwar an manchen Orten noch recht häufig, seine Bestände gehen in vielen Regionen aber deutlich zurück. Wenn Sie nun in Ihrem Garten Futterpflanzen seiner Raupen – verschiedene Veilchen-Arten wie das Acker-Stiefmütterchen– wachsen lassen, heißt das aber noch lange nicht, dass die Falter sofort in Ihren Garten einziehen – denn wo keine Falter fliegen, können auch keine Eier für die nächste Generation abgelegt werden. Aber indem Sie zulassen, dass in Ihrem Garten Acker-Stiefmütterchen wachsen, machen Sie es möglich, dass ein Kleiner Perlmuttfalter dieses »Unkraut« findet und dort eine neue Generation dieses Falters groß werden kann.
Nach Untersuchungen an der Universität Bonn bringt jede neue heimische Pflanze zehn neue heimische Tiere in Ihren Garten. Das ist nicht nur gut, sondern angesichts des massiven Rückgangs von Insekten-, Vogel- und anderen heimischen Tierarten in Größenordnungen von 80 % innerhalb der letzten 30 Jahre äußerst wichtig. Es lohnt sich also, Unkraut wachsen zu lassen – es muss ja nicht direkt an der Terrasse stehen. Aber sicherlich finden Sie im Garten einige Plätze, an denen heimische Wildkräuter noch wild sein dürfen.

Von April bis Oktober fliegt der Kleine Perlmuttfalter in mehreren Generationen. Seine Raupen fressen nur Blätter des Acker-Stiefmütterchens.

GARTENPFLANZEN: BASIS FÜR VIELFALT

Stauden und Sommerblumen, Sträucher und Bäume, Gemüse, Kräuter und Obst haben Sie bewusst ausgewählt. Die Rolle, die sie im Netzwerk der Natur spielen, hängt davon ab, welche Arten Sie wählen.

Das Schöne am eigenen Garten ist, dass man selbst auswählen kann, welche Pflanzen darin wachsen sollen. So schlägt das Gärtnerherz beim Blättern durch bunte Pflanzenkataloge von Gartencentern und Pflanzenzüchtern höher, noch mehr beim Besuch von Gärtnereien oder beim Anblick von Blühendem in Gartenmärkten und -centern.
Zudem zeichnet sich ein Garten dadurch aus, dass er sich verändert im Lauf des Tages und im Lauf der Jahreszeiten – Pflanzen wachsen, entfalten ihre Blätter und verlieren sie wieder, Blüten öffnen und schließen sich, entwickeln Samenstände oder Früchte: Kein Teil Ihres Grundstücks strahlt so viel Leben aus wie der Garten. Im Garten wird auch spürbar, wie gut die Arbeit mit Boden und Pflanzen tut und uns erdet – medizinische Studien belegen den gesundheitsfördernden Effekt von Garten, Natur und Pflanzen. Tatsächlich sind Gärtner glücklicher als Nichtgärtner – und die glücklichsten unter ihnen sind nachweislich die Menschen mit einem Garten, in dem es summt und brummt, in dem Vögel singen und nisten, in dem auch Eidechsen, Blindschleichen und Spinnen willkommen sind und abends Fledermäuse.

Wilder Wiesen-Storchschnabel und Giersch harmonieren mit angepflanzten Beetrosen.

SCHWERPUNKT: HEIMISCHE ARTEN

Der Schlüssel, der das Tor zum Glücklichsein im Garten öffnet und uns in dieses lebendige Refugium einlädt, ist die Wahl der Pflanzen: Eine Thujahecke, Sträucher wie Kirschlorbeer und Forsythien, eine monotone Rasenfläche, ein Beet mit Zierrosen im Meterabstand auf nacktem, sorgfältig unkrautgejätetem (oder schlimmer noch mit Unkrautvernichter behandeltem) Boden – in solch einem Garten warten Sie vergeblich auf lebendige Vielfalt. Wählen Sie hingegen eine gute Mischung aus Ihren Lieblingspflanzen plus heimische Sträu-

Die innere Haltung macht glücklich: Entspannt leben und leben lassen, sich täglich dankbar freuen an dem, was ist.

Bunt und exotisch, von heimisch keine Spur – so präsentieren sich die Verkaufstische in zahlreichen Gartencentern.

cher, Stauden und Sommerblumen, so wird Ihr Garten zum Magneten für Bienen, Käfer, Schmetterlinge, Vögel, Igel & Co.

Der Grund ist offensichtlich: Im Verlauf von Tausenden von Jahren haben die heimischen Pflanzen und Tiere miteinander ein ökologisches Netzwerk entwickelt, in dessen Gefüge sich die einzelnen Arten sehr eng aufeinander eingespielt und aneinander angepasst haben: Die Blüten von Disteln öffnen sich im Sommer, wenn Schmetterlinge fliegen und nicht schon im – fast – falterlosen März. Damit die Raupen aller Schmetterlinge genug zu fressen haben, stürzen sich nicht alle auf die gleichen Veilchenblätter, sondern verteilen sich je nach Art in der warmen Jahreszeit auf fast die ganze Palette heimischer Pflanzen.

Pflanzen aus anderen Teilen der Erde sind in diesen ökologischen Netzwerken Fremdkörper und bleiben meistens außen vor. Selbst die beliebten Präriestauden wie Indianernessel oder Sonnenhut fügen sich nur zu einem kleinen Teil in die gewachsenen biologischen Gefüge ein: Zwar stehen sie manchen heimischen Arten, was die Nektar- und Pollenproduktion betrifft, in nichts nach, doch nur Schmetterlinge besuchen ihre Blüten, um Nektar zu tanken. An den Blättern knabbert jedoch keine einzige Raupe. Und wo es weder Futter noch geschützte, das ganze Jahr über beständige Plätze für die lange Entwicklungszeit der Schmetterlinge vom Ei über Raupe und Puppe gibt, weil alle heimischen Wildkräuter und -gräser beseitigt und mit dem ordnungsschaffenden Mäher oder durch das Abräumen von Pflanzenmaterial weggeschafft wurden, wartet man an seiner wunderschönen Präriepflanzenrabatte vergeblich auf Falter. Sie merken: Vielfalt zählt – zum Beispiel

Die Nachfrage bestimmt das Angebot

Das Angebot vieler Gartencenter und Pflanzenmärkte besteht zum großen Teil aus einer kleinen Auswahl von »Standardpflanzen« wie Kirschlorbeer und Thuja, dazu gezüchtete Stauden, oft exotischen Ursprungs. Fragen Sie deshalb gezielt nach heimischen Gewächsen – so können Sie die Nachfrage steigern und mit der Zeit wird sich das Angebot hoffentlich ändern. Alternativ wenden Sie sich an spezielle Wildstaudengärtnereien.

Die kleinen Apfelfrüchte der Vogelbeere munden den Vögeln erst später im Jahr, wenn durch Fröste die darin enthaltenen Bitterstoffe abgebaut wurden.

Natürlich undogmatisch

Selbstverständlich sollten Sie für Ihren Garten überwiegend heimische Pflanzen mit einfachen Blüten wählen. Das heißt aber nicht, dass Sie alles andere herausreißen und ersetzen müssen oder dass nicht auch einige Einwanderer oder heimische Sorten mit gefüllten Blüten willkommen sind: Wenn Sie eine bestimmte exotische Staude oder ein üppig mit gefüllten Blüten übersäten Strauch lieben, dürfen diese natürlich in den Garten. Die Mischung macht es aber: Sorgen Sie an anderen Stellen für einen Ausgleich zu den exotischen und hochgezüchteten Pflanzen, damit der Garten auch tatsächlich ein Teil der heimischen Natur und ihrer Netzwerke wird oder bleibt.

am Sitzplatz einladende Blühstauden, gern auch exotischer Herkunft – aber bitte kombiniert mit einer großen Auswahl heimischer Pflanzen, von denen sich die heimischen Insekten, ihre Larven und andere Tiere ernähren.

NUTZ- UND ZIERGARTEN

Nicht alle Pflanzen sollen allen zur Verfügung stehen, schließlich bauen Sie ja verschiedene Gemüse, Salate, Kräuter, Erdbeeren oder Obststräucher an, um für den eigenen Genuss zu ernten. Doch auch das sollte im Einklang mit der heimischen Flora und Fauna geschehen (→ Seite 114). So gilt etwa im Permakulturgarten, dass alles mit den heimischen Wildtieren geteilt wird – ein Drittel für die Tiere, zwei Drittel für uns Menschen. Das klingt doch nach einem guten Kompromiss! Sommerblumen, Stauden, Zwiebelblumen und Gräser, Sträucher und Bäume hingegen erfreuen uns durch ihren Anblick und erfüllen zudem bestimmte Funktionen im Garten – etwa eine Kletterpflanze, die einer Laube Schatten spendet, eine Rabatte, die einen Weg säumt, oder eine Gruppe von Sträuchern, die einzelne Gartenbereiche voneinander abgrenzt. Wenn Sie für diese Zwecke jedoch überwiegend heimische Wildpflanzen einziehen lassen, kann auch die heimische Fauna an dem Pflanzensegen teilhaben. Doch auch beim Kauf heimischer Arten gilt es einiges zu beachten: Wählen Sie Formen mit einfachen Blüten und nicht etwa gezüchtete mit gefüllten Blüten – Letztere sind für Bestäuber wertlos (→ Seite 54).

STRÄUCHER BIETEN VIELE PLUSPUNKTE

Sträucher sind ein wichtiges Element im Garten. Sie geben auch kleinen Gärten eine vertikale Struktur und schaffen Räume. Sträucher bieten Sichtschutz und sie mildern Lärm, Wind und Abgase – ein wichtiger Aspekt in städtischen und ländlichen Gärten. Dies leisten natürlich auch exotische Sträucher oder besondere Zuchtformen. Der Tierwelt, allen voran den Vögeln zuliebe sollten Sie aber heimische Wildsträucher wählen: Sie zieren den Garten nicht nur mit attraktiven Blättern, Blüten und Früchten und sind zudem auch robust, anspruchslos und pflegeleicht, sondern spenden vielen Vogelarten Lebensraum, Unterschlupf, Deckung, Rückzugsort, Nistgelegenheiten sowie pflanzliche und – dank der angelockten Insekten – wertvolle tierische Nahrung. Als ausdauernde Gehölze sind Sträucher außerdem über viele Jahre und Jahrzehnte verlässliche Partner – für Sie, für die Vögel und andere Gartentiere.
Sie müssen jedoch akzeptieren, dass heimische Sträucher nicht immer ganz makellos aussehen: Blätter werden von Insekten angefressen, Nüsse von Eichhörnchen weggeknabbert und Früchte von hungrigen Vogelschnäbeln zerhackt. Doch auf der anderen Seite profitieren auch Sie von dem »Naturbuffet«: Haselnüsse, Sanddorn oder Berberitze bereichern schließlich auch unsere Küche.

Beispiel: Buddleja und Ökologie

Bei der Wahl der Sträucher sollte man sich allerdings genau informieren. Nicht jeder Strauch, der auf den ersten Blick geeignet erscheint, fügt sich

Oben: Blutroter Hartriegel ist das ganze Jahr über schön und nährt viele Tiere. Unten: Auf der Buddleja landen dagegen nur einige Tagfalter.

Diese Pflanze zählt!

WEISSDORN

Crataegus monogyna, C. laevigata

Auch wenn asiatische und nordamerikanische Weißdorn-Arten größere Früchte und eine attraktivere Herbstfärbung aufweisen, sollten Sie in Ihrem Garten konsequent auf die heimischen Arten und ihre wilden Formen anstatt gezüchteter Sorten setzen. Dicke Pluspunkte beider heimischer Arten:

1. Im Mai und Juni öffnen sie ihre nektarreichen Blüten für Käfer, Blumenfliegen, Schmetterlinge, Honigbienen, Hummeln, Sand- und andere Wildbienen.
2. Die Raupen von Segelfalter, Baum-Weißling und über 20 weiteren Schmetterlingen ernähren sich von Weißdorn-Blättern.
3. Weil die Sträucher dicht verzweigt sind und Dornen tragen, sind sie wertvoll als Nistplatz, Versteck und Unterschlupf für Vögel, Kleinsäuger, Insekten und viele andere Tiere.
4. Die Früchte dienen Vögeln und Kleinsäugern als Nahrung.
5. Weißdorn ist im Garten vielfältig einsetzbar: als Hecke – er ist schnittverträglich –, als Strauch oder als Kleinbaum.

auch wirklich gut in das Naturnetzwerk ein. Der Sommer- oder Schmetterlingsflieder *(Buddleja davidii)* zum Beispiel ist so beliebt, weil er als Magnet für Schmetterlinge gilt. Er wird in vielen Gärten gepflanzt, weil man den Schmetterlingen etwas Gutes tun will und sich auf die blütenbesuchenden Falter freut. Der aus China stammende Strauch macht jedoch die Problematik mancher Neophyten – pflanzlicher Einwanderer – deutlich sichtbar:

- Zwar finden sich Schmetterlinge an den Blütenrispen ein, doch es sind fast immer das Tagpfauenauge oder der Kleine Fuchs – die beiden bei uns mit Abstand häufigsten Schmetterlingsarten. Sie sind noch so zahlreich, weil sich ihre Raupen von den häufigen Brennnesseln ernähren und als Falter überwintern. Dadurch haben sie in unseren überordentlichen Landschaften und Gärten die größten Chancen, den Winter zu überleben – sie fallen auf, sie sind mobil und können im Herbst einen sicheren Überwinterungsort aufsuchen – anders als die nicht oder wenig beweglichen Eier, Raupen und Puppen.
- Als Nahrungspflanze für Schmetterlingsraupen sowie für andere Insektenlarven spielt Buddleja jedoch keine Rolle. Ihre Blätter und Triebe bleiben unversehrt, weil sie keinem Vertreter der heimischen Tierwelt als Nahrung dienen. Das ist schön für den Gärtner, aber für die heimische Tierwelt ist die Buddleja nutzlos – man könnte auch einen Plastikbusch in den Garten setzen.
- Buddleja zählt zu den sogenannten invasiven Neophyten, also zu den bei uns neuen Arten, die sich massiv ausbreiten – auch außerhalb der Gärten auf Brachflächen. Ein einziger Strauch kann bis zu drei Millionen Samen bilden – entsprechend rasch erobert er immer mehr neues Terrain. Die wuchsfreudige Pflanze verdrängt auf diesen Flächen heimische, ökologisch wertvolle Pflanzenarten, die nun als Futterpflanzen für Raupen heute selten gewordener Schmetterlinge sowie für viele andere Insekten, Vögel, Kleinsäuger und andere heimische Wildtiere fehlen. In der Schweiz steht der Schmetterlingsflieder deshalb auf der Schwarzen Liste unerwünschter

Neophyten – genauso wie der Kirschlorbeer *(Prunus laurocerasus)*, der sich ebenfalls stark ausbreitet und die heimische Flora verdrängt.

Wenn Sie in Ihrem Garten einen Schmetterlingsstrauch haben und nicht auf ihn verzichten wollen, sollten Sie konsequent alle abgeblühten Blütenrispen abschneiden und im Hausmüll entsorgen (nicht auf den Kompost geben). So verhindern Sie die Samenbildung und -ausbreitung.

Wenn Sie eine Buddleja jedoch ersetzen möchten oder Ihren Garten neu bepflanzen, sollten Sie eine der zahlreichen attraktiven und ökologisch wertvollen Alternativen wählen. Beispiele sind Besenginster *(Cytisus scoparius)*, Zimt-Rose *(Rosa majalis)* und andere Wildrosen, Garten-Geißblatt *(Lonicera caprifolium)*, Gewöhnlicher Schneeball *(Viburnum opulus)* sowie Weißdorn (*Crataegus monogyna*, *C. laevigata*). Ihre Blüten bieten Faltern Nektar oder ihre Blätter sind Nahrung für die Raupen verschiedener Schmetterlingsarten.

BEDEUTUNG HEIMISCHER STAUDEN UND SOMMERBLUMEN

Die Auswahl an mehrjährigen Stauden ist schier unüberschaubar, so überwältigend groß ist das Sortiment. Beim Gang durch Gartencenter und Gärtnereien überwiegen Blumen, die entweder gezüchtet wurden – Sie erkennen sie an den Sortennamen –, aus fernen Florenreichen stammen oder sogar beides. Keine Frage – die Blütenpracht ist wunderschön, verwandelt sie den Garten doch in ein üppig bunt blühendes Paradies. Aus Sicht der Insekten, der Vögel und anderer heimischer Wildtiere bieten diese Blumen zwar Möglichkeiten, sich zu verstecken, aber sonst sind sie für die allermeisten Tiere uninteressant: Sie bieten keine Nahrung. Darum werden sie nicht von Insekten besucht, und wo keine Insektennahrung ist, tauchen auch keine Vögel auf. Doch gibt es eine Ausnahme: Auch die nektarreichen Blüten exotischer Pflanzen wie etwa die beliebten Präriestauden werden unterschiedslos wie heimische Blüten von Bienen besucht, daher stehen sie ebenso auf den Listen der Bienenblumen: Dort erfreuen sie das menschliche Herz, wenn sie summend von Blüte zu Blüte fliegen und Nektar und Pollen tanken.

Trotzdem sind heimische Wildstauden nicht nur aus Sicht der Tiere besser an die natürlichen Netzwerke angepasst, weil sie in einer intakten Umgebung Teil eines viel größeren Netzwerks sind. Im heimischen Boden treffen sie die bekannten Mykorrhizapilzpartner an, mit denen sie sich austauschen. Diese Symbiosen bewirken, so zeigen viele Studien, dass die Blumen besser mit Stress wie Trockenheit, Krankheiten oder Schädlingsbefall umgehen können. Auch deshalb sind heimische Wildstauden pflegeleichter, robuster und anspruchsloser als exotische oder hochgezüchtete – und sollten deshalb die erste Wahl in Ihrem Garten sein.

Der ökologisch wertvolle, hochwachsende Gewöhnliche Wasserdost braucht einen feuchten Boden.

AUS EINFACH WIRD GEFÜLLT

BEISPIEL

Wildart oder Züchtung? Der botanische Name verrät es, hier am Beispiel Gewöhnlicher Schneeball:

- Wildart: *Viburnum opulus*
- Gezüchtete Sorte, Garten-Schneeball: *Viburnum opulus* 'Roseum'
- Unterart Amerikanischer Schneeball: *Viburnum opulus* subsp. *trilobum*
- Varietät: *Viburnum opulus* var. *calvescens*

Seitdem Menschen vor ungefähr 12 000 Jahren mit dem Ackerbau begannen, haben sie Wildarten verändert, etwa um größere und mehr Getreidekörner, süßere Äpfel oder widerstandsfähigere Gemüse zu ernten. Diese Veränderungen geschahen erst durch Auslese, später durch Züchtung. Es entstanden Sorten, Kreuzungen, Varietäten oder Hybriden der jeweiligen Wildart. Solche Züchtungen erkennt man am botanischen Namen (→ links). Bei Zierpflanzen sind Ziel der Züchtung meist größere, gefüllte Blüten in verschiedenen Farben.

Die Entwicklung der Blütenpflanzen begann vor rund 200 Millionen Jahren. Im Verlauf der Evolution entwickelten sie sich gemeinsam mit den Insekten weiter. So entstand über viele Millionen Jahre ein enges Zusammenspiel. Beispielsweise passten sich diverse Schmetterlingsarten und die Blüten verschiedener Pflanzen aneinander an, ebenso verschiedene Bienen und Blüten. Für die Pflanzen ist dies ein Gewinn: Durch die Bestäuber wird der Pollen zielgenau von Blüte zu Blüte gebracht und die Pflanze muss weniger

Blüten – hier vom Gewöhnlichen Schneeball – haben eine wichtige Funktion: Sie dienen der Vermehrung.

Die gefüllten Blüten des Schneeballs 'Chinese Snowball' sehen toll aus, sind aber anders als einfache Blüten nutzlos.

produzieren – anders als windblütige Pflanzen wie Nadelgehölze: Sie bilden Unmengen Pollen, damit die weiblichen Blüten sicher bestäubt werden. Doch die Blüten investieren auch in die Zusammenarbeit mit den Insekten: Sie locken sie mit Farbe, Duft und Nektar und Pollen an. Die meist großen Kronblätter (Blütenblätter) sind deshalb farbig – je nachdem, welche Bestäuber sie anlocken sollen. Weil etwa Bienen die Farbe Rot nicht sehen, sind Bienenblumen blau, gelb oder weiß. In der Blüte befinden sich die Staubblätter, die Pollen produzieren, sowie eine oder mehrere Narben, die Pollen aufnehmen. Nektarien produzieren Nektar als Lockmittel für die Bestäuber. Solche Blüten aus Kronblättern, Staubblättern und Narben nennt man ungefüllt oder einfach.

Der Nachteil gefüllter Blüten

Durch züchterische Eingriffe wurden bei vielen Arten und Sorten die pollenbildenden Staubblätter jedoch zu optisch attraktiven Kronblättern umgewandelt, sodass die Blüten nun dichter und üppiger sind, oft auch größer. Ohne Staubblätter können diese gefüllten Blüten allerdings keinen Pollen mehr bilden, weder zum Bestäuben noch als Nahrung. Meist betrifft diese Züchtung auch die Nektarien. Sie sind zurückgebildet und produzieren keinen (oder nur wenig) Nektar. Neben der Blütenform wurde oft auch die Blütenfarbe verändert, die ja eigentlich eine wichtige biologische Funktion ausübt: Sie lockt Bestäuber an.

Für die Gärtner mag diese neue Vielfalt erfreulich sein. Für die Pflanzen, die sich mithilfe der Blüten vermehren und Samen bilden wollen, sowie für die bestäubenden Insekten sind solche gezüchteten Blüten aber wertlos. Gefüllte Blüten können ihre Vermehrungsfunktion nicht mehr erfüllen, diese Pflanzen können nur noch vegetativ vermehrt werden. Zugleich finden die Bestäuber weniger Nahrung. Pflanzenzüchtung hat aber auch gute Seiten. Es entstanden zahlreiche widerstandsfähige Gemüse- und Obstsorten, die gegen Krankheiten resistent oder tolerant gegenüber Standortbedingungen sind und sich deshalb naturverträglich anbauen lassen.

Die Blüten der Berg-Waldrebe (*Clematis montana*, links) locken Insekten an, die sterilen Blüten der 'Taiga' nicht.

WAS DIE FARBEN IN GARTEN UND LANDSCHAFT SAGEN

Ein Gang durch den Garten oder einen Park, eine Fahrt über Land zeigen: Fast zu jeder Jahreszeit überwiegt bei uns die Farbe Grün – ein Zeichen für zu wenig Vielfalt. Doch Sie können etwas tun, um das zu ändern.

Wenn unser Auge Grün sieht, entspannt sich der Körper. Die Farbe Grün ist für uns gleichbedeutend mit Natur geworden – und so scheint uns überall dort die Natur in Ordnung zu sein, wo es grün ist. Deshalb nehmen wir vor lauter Grün nicht wahr, dass eine natürliche Flora nicht immer nur grün ist und auch nicht immer grün sein darf.

FARBEN DER NATUR IM JAHRESLAUF

Alljährlich synchronisieren die Jahreszeiten die natürlichen Rhythmen der Pflanzen und dirigieren deren Entwicklungszyklus. Im Frühjahr keimen die Samen der zwei- und mehrjährigen Pflanzen. Gleichzeitig beginnen die mehrjährigen Stauden und Zwiebelblumen aus ihren unterirdischen Wurzeln, Rhizomen, Knollen und Zwiebeln auszutreiben und Sträucher und Laubbäume entfalten ihre Blätter. Das winterliche Braun der Stämme, Äste und Zweige wird umhüllt von frischem Grün. Auch Farben tauchen auf – das Gelb der Weidekätzchen und der Kornelkirsche, später die blühenden Obstbäume, die weißen, gelben und lila Blütenteppiche am Waldboden, die vielen Blütenfarben von Krokus, Tulpen, Narzissen, Traubenhyazinthen in Gärten, Parks und Grünanlagen. Zum Sommer hin wandelt sich das frische Grün der Blätter zu einem dunkleren Grün und mit dem Verblühen der Rapsfelder und Löwenzahnwiesen dominiert in der Kulturlandschaft schließlich die Farbe Grün. Nur wo das Getreide reift, sehen wir bräunlich gelbe Felder. Buntes findet man im Sommer fast nur noch dort, wo es Blütensträucher und Blumenrabatten gibt. In vielen Gärten und Anlagen jedoch führt der Einsatz von Rasenmäher und Heckenschere zu Dauergrün.

Eigentlich müssten jetzt sommerliche Blumen blühen – auf Wiesen, an Wegrändern und Waldsäumen. Doch selbst wenn sie nicht weggemäht werden, führt der meist überdüngte Boden zu einer Vergrasung der Flächen: Gräser breiten sich aus und verdrängen die Blumen. Zwar blühen Gräser grün oder bräunlich und setzen Samen an. Doch wenn sie gemäht werden, bleiben auch sie grün.

Im Herbst bereitet sich die Natur auf den Winter vor. Rasch schließen die Pflanzen ihre Entwick-

In unserer Kulturlandschaft dominiert von Januar bis Dezember eindeutig die Farbe Grün.

Die natürliche Schönheit einer verwelkten Wiese in Gelb- und Brauntönen. Wenn die Halme dann noch von Raureif überzogen werden, entstehen bezaubernd schöne Bilder.

lung ab: Die Einjährigen sind schon verblüht, haben Samen gebildet und welken. Unter den Stauden blühen nun Astern und andere Herbstblüher, die anderen haben ebenfalls schon meist braune Samen und Früchte angesetzt – sofern sie nicht dem Rückschnitt oder Mäher zum Opfer gefallen sind. Bald ziehen sich die Stauden in die unterirdischen Teile zurück, die oberirdischen Pflanzenteile verwelken. Auch Gehölze tragen Früchte und Samen, die Blätter verfärben sich und fallen schließlich ab. Dort, wo gemäht wird, ist die Situation eine andere: Rasen und Wiese, ja sogar Felder und Wegränder sind weiterhin leuchtend grün.
Im Winter ruhen die Pflanzen – und wenn kein Schnee liegt, dominiert in der Natur die Farbe Braun: Stämme, Äste und Zweige sind braun, ebenso das Laub am Boden sowie verwelkte Stängel, Blätter und Fruchtstände der Stauden.

DEUTSCHLAND IST ZU GRÜN

In unserer Kulturlandschaft ist der Rasen jedoch auch im Winter noch grün, ebenso die im Herbst ein letztes Mal gemähten Wiesen und auch die Felder, auf denen der Winterweizen keimt. Deshalb komme ich zu dem Fazit: Deutschland ist zu grün! Das ist natürlich nicht politisch gemeint, sondern bezieht sich auf den Zustand der Pflanzen im Jahreslauf: Frisch grün durch unentwegtes Mä-

Werden und Vergehen

Manchmal kommt es mir so vor, als sei unsere das ganze Jahr über frischgrüne Landschaft ein Spiegel für das Problem vieler Menschen – vielleicht sogar unserer Gesellschaft – mit dem Älterwerden und dem Tod. Frisches Grün symbolisiert die Jugend und viele Menschen sind bestrebt, sich ewige Jugend zu erhalten. Weil wir nicht wahrhaben wollen, dass alles Leben irgendwann vergeht, wollen wir vielleicht auch nicht sehen, wie Pflanzen älter werden, reifen und schließlich verwelken und verdorren – das gestehen wir bestenfalls sehr alten Baumindividuen zu. Wenn andere Pflanzen reifen und vergehen, beseitigen wir sie dagegen schnell mit Schere und Mäher. Warum lassen wir diese Pflanzen, egal ob Rasen oder Wiese, ob Stauden oder Hecken, nicht in Ehre und Würde alt und welk werden? Und erfreuen uns an ihrer morbiden Schönheit, auch wenn sie im Vergehen sind.

Diese Pflanze zählt!

SONNENBLUME

Helianthus annuus

Magerer Boden für mehr Blumen – am attraktivsten gelingt das Abmagern des Bodens mit Sonnenblumen. Stecken Sie dazu einfach Ende April Sonnenblumensamen ein paar Zentimeter tief in den Boden. Dicke Pluspunkte:

1. Sonnenblumen magern den Boden ab und bereiten ihn für die Neuanlage einer Wildblumenwiese oder die Neupflanzung von Obstbäumen vor.
2. Sonnenblumen entziehen dem Boden nicht nur Nährstoffe, sondern auch Schwermetalle.
3. Die eindrucksvollen Pflanzen lockern als Gründüngung verdichteten Boden tiefgründig auf. Ihre Wurzeln reichen bis in 2,75 m Tiefe.
4. Sonnenblumen helfen bei der Bekämpfung schädlicher Bodennematoden, indem sie ihnen die Nahrung entziehen.
5. Sonnenblumen bieten Bienen und Vögel wertvolle Nahrung.

hen vom Frühjahr bis in den Herbst hinein. Dies führt dazu, dass die Landschaft zu grün ist, aber auch die Gärten, die Parks und die Grünanlagen. Und dieses »Zuviel« an Grün ist – neben anderen Ursachen – einer der Hauptgründe für das Insektensterben.

Mit dem übertriebenen Werkeln um der grünen Flächen wie Rasen oder Hecken willen zerstören wir die Lebensgrundlage all der Tiere, die sich in Millionen Jahren an den natürlichen Zyklus der Pflanzen im Takt der Jahreszeiten angepasst haben: an das Austreiben und Blühen, an die Bildung von Samen und Früchten, an das Verwelken und Absterben. Der Preis für unser Handeln ist nicht mehr zu übersehen: 80 % der Insekten sind verschwunden. Neben den fehlenden Wildpflanzen (→ Seite 44), die die Lebensgrundlage der Insekten sind, ist dieses ständige Mähen der zweite heftige Einschnitt, der ihnen den Garaus macht. Dort, wo eine Raupe oder andere Insektenlarve vielleicht noch ihre arttypische Futterpflanze gefunden hätte, fällt diese über kurz oder lang dem Mäher zum Opfer: Damit kann die Raupe nicht verpuppen und schließlich zum erwachsenen Schmetterling werden, sondern sie stirbt.

Sogar Streuobstwiesen werden heute mehrfach kurz gemäht und damit haben Eier, Larven und Puppen von Insekten kaum noch eine Chance, sich zu fertigen Insekten zu entwickeln. Mit jedem Mähen werden es weniger, bis sie schließlich ganz verschwunden sind.

INSEKTENFREUNDLICH MÄHEN

Mähen macht Rasen und Wiese grün. Deshalb können Sie den natürlichen Rhythmus der Jahreszeiten mit seinen bunten Farben recht einfach wieder in Ihren Garten einziehen lassen. Abgesehen von den Flächen, die Sie nutzen (→ Seite 41), sollten Sie Blumenrasen, Blumenwiesen, Rasengittersteine und auch Wiese, Grünland oder Streuobstwiese nur einmal im Jahr mähen, und zwar im März, am besten mit einer Sense. Dann sind die Insekten und anderen Kleintiere, die dort überwintert haben, bereits aktiv und können in benachbarte Areale flüchten. Damit sie dafür Zeit haben, muss man das Mähgut jedoch unbedingt liegen und trocknen lassen. Die vollkommen trockenen Pflanzen lassen sich anschließend leicht

Wenn doch mal gemäht werden muss

Damit das Mähen für die Insekten schonender abläuft, mähen Sie bei jedem Mähtermin erst eine Hälfte der Fläche und lassen das Mähgut zum Trocknen liegen, danach wird das Heu abgeräumt, damit der Boden keine weiteren Nährstoffe erhält. Ein bis zwei Wochen später mähen Sie den anderen Teil der Fläche auf dieselbe Weise. So haben Tiere die Möglichkeit, im jeweils ungemähten Teil der Wiese Zuflucht zu suchen.

Oben: Im zweiten Jahr blüht eine angelegte Blumenwiese noch üppiger
Unten: Im Herbst bilden auch die letzten Blumen Samen und Früchte.

beiseiteräumen. Das Mähen im März hat noch einen Vorteil: Die Stauden sind noch nicht ausgetrieben. Wenn dann noch die Schnitthöhe mindestens 10 cm beträgt, wird das Herz der Wiesenblumen beim Mähen nicht beschädigt. So haben die samenbildenden Pflanzen eine Überlebenschance – und die Insekten auch.

VERGRASUNG VERHINDERN

Stickstoffreiche Böden fördern das Wachstum von Gräsern, während viele Wildblumen verschwinden: Diese Vergrasung können Sie an vielen Stellen beobachten. Wo noch vor ein paar Jahren eine Blumenwiese wuchs oder Wiesenblumen am Wegrand blühten, machen sich heute Gräser breit. Blumenwiesen werden nach und nach zu Grasland, weil sich der Nährstoffgehalt der Böden fortlaufend erhöht – durch Luftdüngung auch dort, wo nicht gedüngt wird. So wird das Land immer grüner, die Vielfalt an Blumen verschwindet. Abhilfe im Garten können Sie schaffen, indem Sie den Boden konsequent abmagern und regelmäßig Sand ausbringen (→ Seite 42). Tipp: Sonnenblumen bewirken das Abmagern auf blühende Weise.

NATÜRLICHE UNORDNUNG SCHAFFT LEBENSRÄUME

In der Wohnung, im Kleiderschrank und auf dem Schreibtisch hat Ordnung ihren Sinn und tut uns gut. Im Garten ist zu viel Ordnung jedoch der falsche Weg: Je unordentlicher der Garten, desto besser ist es für die Natur.

Pflanzen und Tiere brauchen ökologische Nischen, um zu überleben, sie brauchen verschiedene Strukturen wie dichtes Gebüsch und Bodengestrüpp, Fugen, Ritzen und Winkel, die ihnen als Versteck und Unterschlupf dienen, sowie Ecken, in denen sich Erde und Laub ansammelt und wo es auf natürliche Weise unordentlich ist.

In vielen Gärten, Grünanlagen und Parks dominiert jedoch das gegenteilige Prinzip: »Ordentlich muss es sein«, lautet die Devise, und was als unordentlich gilt, ist allgemein bekannt: der Löwenzahn im Rasen, die ungeschnittene Hecke, das Unkraut in den Fugen der Wegplatten und Mauern, die verblühten Stauden, das Falllaub im Herbst und vieles mehr. Wie man dieser Unordnung Herr wird, verraten Zeitschriften und Magazine, Prospekte der Gartencenter und die Arbeitskalender in vielen Büchern.

Die Folge: In den letzten Jahrzehnten wurde Ordnung zum obersten Gebot und eroberte – auch dank motorisierter Hilfsmittel wie Rasenmäher, Heckenschere, Laubbläser und Mähroboter – nach und nach Garten für Garten.

Natürlich spricht nichts dagegen, wenn man im Garten zähmend eingreift und bestimmte Strukturen erhält. Ganz ohne Mähen, Zurückschneiden oder Abräumen geht es eben nicht, sonst würde der Garten rasch verwildern und schließlich dicht mit Büschen zugewuchert sein. Aber er muss nicht mit harter Hand, Hochdruckreinigern und allen möglichen Mitteln wie Grünbelagentfernern oder Unkrautvernichtern überpflegt werden. In den allermeisten Fällen gilt im Garten, wenn es um die Pflege geht: Weniger ist mehr.

Lässt man verblühte Rosenblüten am Strauch, können Vögel im Herbst und Winter Hagebutten ernten.

SCHLUSS MIT DEM ZIERRASEN

Aushängeschild Nr. 1 eines gepflegten Gartens ist oft immer noch der Zierrasen, der sich nur durch immense Pflege erhalten lässt. Tatsächlich gehört das Rasenmähen zu den zerstörerischen Maßnahmen im Garten: Mit jedem Mähgang werden unzählige Kleintiere und ihre Lebensgrundlagen vernichtet. Die Flächen werden artenärmer.

Alternative: Verabschieden Sie sich vom Zierrasen, indem Sie sich und ihm zunächst einmal

Charmantes Durcheinander mit Struktur: Ein solcher Garten ist für die Pflanzen- und Tierwelt ein Paradies.

Mähpausen gönnen. Magern Sie ihn ab und wandeln Sie ihn nach und nach in einen Blumenrasen oder eine Blumenwiese um (→ Seite 92).

SCHLUSS MIT ABRÄUMEN UND ZU HÄUFIGEM RÜCKSCHNITT

Pflanzen wachsen unter günstigen Bedingungen schnell und üppig. Das kennt jeder Gärtner, der im Frühsommer ein paar Tage im Urlaub war: Wenn es genügend regnet, schießen die Pflanzen förmlich in den Himmel. Was sie in freier Natur nach Herzenslust tun könnten – wenn sie nicht durch andere Pflanzen oder Strukturen wie Felsen oder Abgründe daran gehindert werden –, ist im Garten nur begrenzt möglich: Es ist gesetzlich geregelt, dass beispielsweise Verkehrswege begehbar bleiben müssen, und deshalb müssen Gartenbesitzer sie mit einem Baum- oder Heckenschnitt in

Wie die Natur Ordnung schafft

In der Natur herrschen in Bezug auf Ordnung andere Regeln: Wenn bei einem Sturm Äste und Blätter abbrechen oder Bäume umfallen, bleiben sie einfach liegen und werden zu Ressourcen für verschiedene Lebewesen: Vögel und Eichhörnchen nutzen die herumliegenden Äste und Zweige für ihre Nester. Die Blätter verwelken und werden von Bodentieren verspeist, die Reste abgebaut und wieder in den Nährstoffkreislauf zurückgeführt. Der Baumstamm wird von Pilzen und vielen anderen Lebewesen besiedelt, die ihn nach und nach zersetzen. Die dadurch entstehenden Höhlen sind ein Unterschlupf für Kleinsäuger, Vögeln Reptilien, Lurche, Käfer und andere Insekten sowie Gliederfüßer. Durch die in der Vegetation entstandene Lücke fällt nun mehr Licht auf den Boden. Dort können Samen keimen und bald werden junge Bäume den frei gewordenen Platz ausfüllen. So wird der Sturmschaden aufgeräumt, allerdings nicht von heute auf morgen, sondern in den natürlichen Zeitspannen der Natur.

In Mauerritzen gedeihen Fingerhut, Glockenblume und Farn. Verblühte Stauden sind im Winter für viele Kleintiere ein wichtiger Zufluchtsort.

Zaum halten (→ Seite 132/133). Bei Obstgehölzen ist ein jährlicher Schnitt unerlässlich, wenn man reichlich Äpfel und Himbeeren ernten will. Auch die abgeblühten Rispen der Buddleja sollten im Sommer konsequent abgeschnitten werden, um eine wilde Aussamung zu verhindern (→ Seite 51). Sicher gibt es in Ihrem Garten auch andere Stellen, an denen Sie die Pflanzen durch einen Rückschnitt begrenzen müssen oder wo ein Verjüngungsschnitt den Sträuchern guttut.

Solche Maßnahmen sollten aber ihre Grenzen haben. Es müssen nicht alle abgeblühten Teile von Sträuchern, Stauden, Gräsern oder Sommerblumen abgeschnitten werden, sobald sie verwelken.

Alternative: Verzichten Sie auf das große Reinemachen im herbstlichen Garten. Räumen Sie abgeblühte Stauden und Sommerblumen nicht von den Beeten und Rabatten, sondern belassen Sie sie an Ort und Stelle, sodass sich Samen und Früchte bilden können, mit denen sich die Pflanzen selbst aussäen und die im Winter wichtige Nahrung für Gartenvögel sind. Auch die verblühten Rosenblüten bleiben am Strauch, sie bilden Hagebutten als natürliche Vogelnahrung. Und zwischen den vertrockneten Stängeln und Blättern finden unzählige Kleintiere frostfreie Verstecke, um dort im Winter zu überleben. Außerdem schützen solche Pflanzenreste den Boden vor Kälte, Wind und kräftigem Regen.

Auch altes Holz an Obstbäumen sollten Sie stehen lassen: Blauschwarze Holzbienen nagen gern tiefe Gänge hinein, um Brutzellen für den Nachwuchs anzulegen. Abgestorbene, abgeknickte Triebe von Brombeeren und weiteren Sträuchern dienen Blattschneiderbienen und anderen Wildbienen als willkommene Nistplätze, ebenso die verwelkten Königskerzen im dritten Jahr.

WENIGER WEG- UND AUFRÄUMEN

Nach dem Mähen gehört das Aufräumen zu den häufigsten Überpflegearbeiten: Noch das kleinste Unkraut wird sofort gejätet. Oft wird alles wahllos entfernt, meist ohne zu wissen, um welche Pflanzen es sich handelt. Mit dem Fugenkratzer werden

Moose, Gräser und anderes Grün aus den Ritzen von Mauern und Platten gekratzt und im Herbst wird das von den Bäumen herabfallende Laub mit dem Laubsauger entfernt. Jede dieser Maßnahmen hat Folgen: Unkräuter sind meist heimische Wildkräuter und die Lebensgrundlage vieler heimischer Insekten und folglich auch der Vögel (→ Seite 44). In den Fugen und Ritzen bilden sich durch eingewehte Bodenpartikel Mini-Biotope, in denen Pflanzensamen keimen. So entstehen an ursprünglich unwirtlichen Stellen rasch neue Lebensräume mit hübschen Pflänzchen.

Alternative: Informieren Sie sich über den Wert der sogenannten Unkräuter (→ Seite 153, Literatur). Sie werden überrascht sein, welch große Rolle sie in den Netzwerken der Natur spielen – ob als Nahrung für Tiere wie Stieglitze, als Lieferant für nützliche Pflanzenjauchen wie die Brennnessel oder sogar als schmackhafte Zutat in der Küche wie Giersch und Löwenzahn. Dieses Wissen wird Ihre Einstellung zum Jäten ändern. Legen Sie Fugenkratzer, Flammenwerfer und Hochdruckreiniger beiseite und erfreuen Sie sich an Pflanzen, die von selbst in Fugen gedeihen und einen Plattenweg oder eine Mauer lebendig machen. Solche Mini-Refugien erhöhen den Artenreichtum, und je mehr Kleinstrukturen Sie in Ihrem Garten zulassen oder einrichten, umso mehr Insekten & Co. werden sich dort einfinden (→ Seite 123).

WENIGER VERFUGEN UND VERSIEGELN

Damit in den Fugen und Ritzen am Boden und in Mauern ja nichts wächst, werden sie vielfach mit Zement verfugt und somit zu versiegelten Flächen. Viele Gärtner schotten auch jede Öffnung in Schuppen, Scheunen, Gartenhäuschen oder Dachböden hermetisch ab. Durch solche Maßnahmen verlieren nicht nur Insekten lebenswichtige Refugien, sondern Schleiereulen, Rauchschwalben, Spatzen und andere Vögel geschützte Nistplätze.

Alternative: Mut zur Lücke! Öffnen Sie Mauerritzen oder legen Sie eine Trockenmauer an. Die Fugen zwischen Bodenplatten füllen Sie nur mit Sand, hier finden diverse Wildbienen eine Brutstätte. Wenn Sie aus Gründen des Wärmeschutzes Öffnungen in Gebäuden verschließen müssen, sollten Sie hinter der Fassade kleine Zugänge für Tiere wie Fledermäuse oder Mauersegler schaffen.

Diese Pflanze zählt!

HUNDS-ROSE

Rosa canina

Dank ihrer dicht mit Stacheln besetzten Triebe widersetzt sich diese Wildrose allzu großem Ordnungsgebaren.

Dicke Pluspunkte:

1. Sie verzaubert mit bis zu 5 cm große, weißen bis hellrosa Blüten mit intensivem Duft, die von Rosenkäfern, Honig- und Wildbienen inklusive Hummeln besucht werden.
2. Ab September trägt sie bis zu 2 cm lange orangene bis scharlachrote Hagebutten, die für Grünfinken, Kernbeißer, Dompfaff und andere Vögel wichtige Winternahrung sind.
3. Von ihren großen, 5- bis 7-teiligen Fiederblättern ernähren sich die Raupen vom Kleinen Nachtpfauenauge. Blattschneiderbienen schneiden aus ihnen kreisrunde Stücke zum Auspolstern ihrer Brutzellen.
4. Ihr sehr stacheliges Geäst bietet Vögeln perfekten Schutz.

NETZWERKPARTNER NUMMER EINS: INSEKTEN & CO.

Kaum eine Tiergruppe erfüllt so vielfältige Aufgaben in der Natur wie die der Insekten und jede Art ist wichtig. Nur aus unserer menschlichen Perspektive sind die einen nützlich, die anderen schädlich.

Schädlinge und Nützlinge – so werden viele tierische Gäste, vor allem Insekten – im Garten eingeteilt und bewertet. Sogar innerhalb einer Art machen wir oft einen Unterschied: Wir freuen uns am Kohlweißling, aber seine Raupen, die am Kohl fressen, wollen wir nicht im Gemüsebeet haben. Leider denkt immer noch ein guter Teil der Gärtner, dass man Schädlinge mit allen möglichen chemischen und mechanischen Methoden bekämpfen muss. Einen Schritt weiter sind Gärtner, die biologische Pflanzenschutzmethoden sowie Nützlinge einsetzen und Letztere im Garten fördern. Doch muss man Insekten, die sich im Nutz- oder Ziergarten verbreiten, wirklich immer bekämpfen?

Trotz genug Futterpflanzen wie Dill sind Raupen der Schwalbenschwanz-Schmetterlinge selten geworden.

WIE PFLANZEN SICH SELBER SCHÜTZEN

Pflanzen nehmen sehr deutlich wahr, wenn an ihnen gefressen wird, und sie erkennen anhand der Speichelspuren sogar, ob es eine Raupe oder ein Käfer ist. Pflanzen besitzen an Wurzeln, Stängeln, Trieben, Blättern und Blüten unzählige sensible Rezeptoren, über die sie jede Berührung und Beschädigung wahrnehmen können. Mangels der Möglichkeit zu fliehen haben Pflanzen raffinierte Abwehrmaßnahmen entwickelt, mit denen sie auf Fressattacken reagieren: Zum einen produzieren sie Bitterstoffe als Fraßschutz, zum anderen rufen sie über Duftwolken die Fressfeinde der Schädlinge herbei, zu denen etwa Schlupfwespen gehören. Natürlich dauert es seine Zeit, bis sich diese einstellen und über Raupen oder Blattläuse hermachen. Die chemischen Botschaften warnen übrigens auch die Nachbarpflanzen vor den Schädlingen, sodass diese ebenfalls ihre Abwehrkräfte mobilisieren können.

Die kleine Kohlweißlings-Brackwespe legt als natürlicher Gegenspieler des Kohlweißlings ihre Eier in dessen Raupen.

Wer jedoch beim ersten Schädlingsbefall zu Insektiziden greift, macht einen Fehler: Einerseits töten diese auch die natürlichen Gegenspieler unter den Insekten, andererseits stressen Pflanzenschutzmittel die befallenen Pflanzen zusätzlich. Besser ist es, schonende Methoden zu wählen (→ Seite 68) oder auf die von den Pflanzen »georderten« Nützlinge zu warten. Bis sie eintreffen, muss man sich allerdings in Geduld üben.

NÜTZLINGE UND SCHÄDLINGE

Im Garten sind Schädlinge und Nützlinge – wie in der Natur – ein eingespieltes Team. Sie regulieren sich gegenseitig, sodass im besten Fall ein Gleichgewicht entsteht. Ungünstige Bedingungen – zu kühles und nasses Wetter, ein ungesunder Boden, der falsche Standort etc. – bedeuten für die Pflanzen jedoch Stress, durch den sie anfälliger für Krankheiten und den Befall von Schädlingen werden. Die beste Maßnahme für gesunde Pflanzen ist es deshalb, als Gärtner für einen gesunden Boden und den richtigen Standort zu sorgen.
Treten aber doch einmal Schädlinge auf, bedeutet dies zunächst, dass der Tisch für die Nützlinge reich gedeckt ist. Sie finden Nahrung in Hülle und Fülle, können sich stark vermehren und in der Folge die Schädlinge dezimieren. Ist die Schädlingspopulation schließlich beseitigt, verenden die

Die wahren Ursachen für Schädlingsbefall

Noch immer denken viele Gärtner, dass Läuse und andere Schädlinge die Ursache für Schäden an Pflanzen sind, und sie bekämpfen sie mit verschiedenen Methoden. Dabei sind massenhaft auftretende Schädlinge nicht die Ursache, sondern die Folge davon, dass irgendwo etwas nicht in Ordnung ist. Der tatsächliche Grund für ihr Auftreten liegt daran, dass Pflanzen nicht an den Standort angepasst sind, an der Überdüngung mit Stickstoff, im Dezimieren der für die Immunabwehr so wichtigen Bodenmikroorganismen durch Kunstdünger und in vielem mehr. Diese Ursachen haben gemein, dass an irgendeiner Stelle die natürlichen Netzwerke der Lebewesen zerstört wurden und nicht mehr funktionieren. Wenn Sie Ihre Pflanzen wirklich schützen möchten, tun Sie dies am besten, indem Sie diese Netzwerke erhalten oder wiederherstellen.

Tagfalter wie das Tagpfauenauge bestäuben röhrenförmige Blüten (oben), Schwebfliegen Blüten, die den Pollen offen anbieten (unten).

Wer Schmetterlinge, Bienen & Co. fördern will, für den sind Insektizide und Herbizide absolut tabu!

Nützlinge oder ziehen weiter. Doch dieses Zusammenspiel läuft nicht so schnell ab wie der Griff zum Pflanzenschutzmittel: Wenn an Ihren Pflanzen Läuse auftauchen, müssen Sie den Marienkäfern und anderen Blattlausfeinden (→ Seite 70/71) schon mindestens eine Woche Vorlauf geben. Das ist der Rhythmus der Natur.

Allerdings können sich Nützlinge nur einstellen, wenn sie in »Rufweite« Ihres Gartens existieren – was angesichts des dramatischen Rückgangs der Insektenarten und -populationen heute nicht mehr selbstverständlich ist. Denn auch die in unseren Augen nützlichen Insekten werden vom Insektensterben genauso getroffen wie Schädlinge. Wenn wir wollen, dass die Nützlinge erhalten bleiben und die Schädlinge im Garten in Schranken weisen, müssen wir deshalb alles Erdenkliche tun, damit sich die Insektenbestände und mit ihnen auch die der anderen Tiere erholen können und die ökologischen Netzwerke wieder funktionieren. Das bedeutet in erster Linie, konsequent auf Insektizide zu verzichten. Denn sie wirken nicht gezielt gegen einen ganz bestimmten Schädling, sondern treffen alle Insekten – auch die Nützlinge und natürlich auch die Bienen. Genauso vernichtend wirkt mit Insektiziden behandeltes Saatgut. Beim Keimen nehmen die jungen Pflanzen diese Gifte mit dem Wasser auf. Anschließend gelangen die Wirkstoffe in Insekten, die an den Pflanzen fressen oder Nektar saugen – zwar nur in geringen Mengen, doch diese summieren sich auch im kurzen Insektenleben und führen schließlich zum Tod.

»KLEINVIEH« MIT GROSSER ÖKOLOGISCHER BEDEUTUNG

Vielleicht erleichtert es auch die Entscheidung, auf Pestizide zu verzichten, wenn man sich klarmacht, welch enorme Bedeutung – auch außerhalb

WICHTIGE BESTÄUBER

1

»Käferblüten« haben die Form flacher Schalen oder sind scheibenförmig und bieten reichlich Pollen: Rosenkäfer besuchen gern Blüten der Hunds-Rose.

2

Die Gemeine Löcherbiene ist eine kleine Wildbiene. Mit ihrer Bauchbürste sammelt sie im Sommer den Pollen verschiedener Korbblüten.

3

Bienen und Hummeln können kein Rot sehen: Sie bestäuben aus diesem Grund vornehmlich weiße, gelbe und blaue Blüten.

4

Auch Wespen gehören zu den Blütenbestäubern – ihre Favoriten sind weiße, flache Blüten wie etwa die von Efeu sowie die der Doldenblütler und Rosengewächse.

eines kleinen Gartens – Insekten und andere Kleintiere im Netzwerk der Natur haben.

- Käfer, Fliegen, Wespen, Bienen und Schmetterlinge sorgen als Bestäuber dafür, dass der Pollen zu den Blüten gelangt und Samen und Früchte gebildet werden. Einige ihrer Larven, etwa manche Raupen, gelten im Garten jedoch als Schädlinge. Doch genau diese Larven sind wichtige Nahrung für Schlupfwespen, Sandwespen und Faltenwespen sowie für Vögel und andere Tiere.
- Fliegenlarven, viele Käfer, Schaben und andere Insekten gehören wiederum zu den sogenannten Destruenten oder Zersetzern. Sie ernähren sich von abgestorbenen Pflanzen- und Tierresten sowie von Kot. Sie zersetzen dieses organische Material, bauen es ab und führen die in ihm enthaltenen Nährstoffe wieder dem Boden zu. Ohne diese Destruenten würden sich über die Jahre Unmengen an Falllaub, toten Äste, Zweigen, Stämmen, Tierkadavern und Kot ansammeln und als faulender »Biomüll« herumliegen.
- Heuschrecken, Blattläuse, Wanzen und Käfer, Mücken und Fliegen, Ameisen, Bienen und Wespen, Schmetterlinge und auch viele Insektenlarven sind wichtige Nahrung – sie sind sozusagen die Lebensbasis für sehr viele Tiere.

Hungrig und unbeliebt: Nacktschnecken

Kaum ein Tier im Garten ist so unbeliebt wie die Nacktschnecken. Während ihrer Streifzüge bei Nacht und Regen vertilgen sie Salat, Gemüse und Zierpflanzen. Sie fressen die Blätter entweder ganz, hinterlassen sie stark angefressen oder lassen nur noch die Blattrippen übrig. Junge Pflanzen überleben solche Fressattacken oft nicht. Zu den häufigsten Nacktschnecken zählt die rötliche bis braune Spanische Wegschnecke. Der Name ist übrigens irreführend, sie war schon immer bei uns heimisch. Ein weiterer sehr häufiger Vertreter ist die dunkelgraue Garten-Wegschnecke. Ökologische Aufgabe der Schnecken ist es, organisches Pflanzenmaterial in den Kreislauf der Natur zurückzuführen. Doch durch das Züchten von bitterstoffarmen Salaten und Gemüsen, die meist in mehreren Sätzen pro Saison angebaut werden, finden die Nacktschnecken, die weiche Pflanzen bevorzugen, in den Salat- und Gemüsebeeten eine üppige Futterquelle und vermehren sich stark.
Doch es gibt auch Schneckenfeinde im Garten: Der Tigerschnegel, die größte heimische Nacktschnecke, große Laufkäfer wie Hain- und Lederlaufkäfer, aber auch der Schwarze Moderkäfer und seine Larve sowie die Larven der Glühwürmchen machen Jagd auf Nacktschnecken.
Die Weinbergschnecke ist ebenfalls von großem Nutzen, weil sie die Eigelege der Nacktschnecken frisst.

GÄRTNER MÜSSEN GEDULDIG SEIN

Wenn wir Insekten in unseren Gärten fördern wollen, müssen wir geduldig sein und unsere Art zu gärtnern auf ihre Bedürfnisse abstimmen. Denn Insekten sind – anders als Vögel, Lurche, Reptilien oder Säugetiere – nur die kürzeste Zeit ihres Lebens erwachsene Schmetterlinge, Bienen oder Marienkäfer. Ihre Jugendzeit als Larve, Raupe, Made oder Engerling hingegen dauert sehr viel länger, mitunter Jahre. Schmetterlinge, Käfer, Fliegen und Bienen legen am Übergang zwischen Jugend- und Erwachsenenzeit sogar noch eine Phase als unbewegliche Puppe ein, in der ihr Larvenkörper aufgelöst und zum fertigen Insekt umgebaut wird. Diese lange Entwicklungszeit hängt damit zusammen, dass Insekten nur im jugendlichen Stadium wachsen können, von der Größe des Eis bis zu der des fertigen Insekts. Sobald sie adult sind, haben sie ihre endgültige Größe erreicht. Was hat dieser grundsätzliche Unterschied zu bedeuten? Während etwa Vögel eine im Vergleich zur mehrere Jahre langen Lebensdauer eine nur recht kurze mehrwöchige Küken- und Jungvogelzeit verbringen, in denen sie besonders gefährdet sind, dauert bei den Insekten diese »gefährliche« Jugendzeit fast ihr ganzes Insektenleben lang. Damit in Ihrem Garten überhaupt Schmetterlinge die Blüten besuchen, müssen ihre Jugendstadien die Zeit vom Ei über die Raupe bis zur Puppe überleben können, auch den Winter. Nur wenige – wie Tagpfauenauge, Kleiner Fuchs und Zitronenfalter – überwintern als Falter – die meisten tun dies als Ei, Raupe oder Puppe, die sich vor allem zwischen bodennahen Pflanzen verstecken: Räumen Sie im Herbst Abgeblühtes ab, so vernichten Sie damit all die Jugendstadien der Schmetterlinge und übrigen Insekten unwiederbringlich. Da nutzt es nichts, wenn Sie zuvor Schwalbenschwanzraupen an der Petersilie geduldet haben. Wundert es Sie nun immer noch, warum so wenige Schmetterlinge in Ihrem Garten fliegen und Sie kaum Insekten beobachten? Sie haben es in der Hand, dies zu ändern.

DIESE INSEKTEN SIND GEGENSPIELER VON SCHÄDLINGEN

1

Blumenwanzen sind kleine Räuber, die trotz ihres Namens auf Blättern Läuse, Blattflöhe, Blattsauger, Spinnmilben und andere kleine Insekten jagen.

2

Kamelhalsfliegen erbeuten verschiedene kleine Insekten wie Blattläuse. Ihre Larven machen unter der Rinde Jagd auf Borkenkäfer.

3

Die recht großen Laufkäfer verzehren täglich bis zum Dreifachen ihres Körpergewichts an Nacktschnecken, Raupen und anderer Beute.

4

Auch der Schwarze Moderkäfer ist ein gefährlicher Nacktschneckenjäger, der vor allem nachts auf Beutezug geht. Achtung, er kann kräftig beißen!

5

Im weiten Umkreis um ihr Bodennest, in dem auch die Raupen diverser Bläulingsfalter überwintern, erbeuten die Roten Gartenameisen viele Pflanzenschädlinge.

6

Die Hornisse ist die größte heimische Wespenart. Ihre Brut wird mit erbeuteten Fliegen, Raupen und anderen Kleintieren gefüttert.

LÄSTIGE GÄSTE IM GARTEN: BLATTLÄUSE

BLATTLÄUSE

- Wissenschaftlicher Name: Aphididae
- Körperlänge: 1–8 mm
- Mai bis September
- Häufigste Arten im Garten: Schwarze Bohnenlaus, Erbsenblattlaus, Mehlige Kohlblattlaus, Holunderblattlaus, Große Rosenblattlaus, Grüne Apfelblattlaus, Fichtenröhrenlaus

Blattläuse gehören zu den Tieren, die man sich nicht im Garten wünscht. Sie sitzen dicht an dicht gedrängt an frischen Trieben, jungen Stängeln, Knospen und Blüten. An diesen saugen sie mit ihrem Rüssel Pflanzensäfte. Für ihren Körper benötigen sie vor allem die darin enthaltenen Aminosäuren. Den in den Säften ebenfalls reichlich enthaltenen Zucker scheiden sie als Honigtau aus. Er bildet klebrige Überzüge auf den Blättern, die häufig von schwarzen Rußtaupilzen befallen werden. Für Ameisen, Honig- und Wildbienen ist der Honigtau jedoch eine wichtige Nahrung. Manche Ameisenarten schätzen ihn so sehr, dass sie sogar Blattlauskolonien schützen, um ihn zu bekommen. Honigbienen wiederum sammeln Honigtau im Wald und verarbeiten ihn zu dunklem Waldhonig.

Biologie der Blattläuse

In Mitteleuropa kommen über 800 verschiedene Blattlausarten vor, die je nach Art jeweils nur ganz bestimmte Pflanzen befallen. Die häufige Schwarze Bohnenlaus beispielsweise macht

Die Larve ist hungriger als der Marienkäfer: In ihrer mehrwöchigen Entwicklungszeit vertilgt sie über 600 Blattläuse.

Während erwachsene Schwebfliegen sich von Nektar und Pollen ernähren, vertilgt eine Larve täglich bis zu 100 Blattläuse.

sich im Sommer nur über Bohnen, Kartoffeln, Rüben und andere Gemüse her, während die Große Rosenblattlaus nur an Rosengewächsen und hin und wieder auch an Karden- und Baldriangewächsen saugt.
Viele Blattlausarten wechseln im Jahreslauf ihren Wirt: So legt zum Beispiel die Schwarze Bohnenlaus im Herbst ihre Eier auf dem Pfaffenhütchen und dem Gewöhnlichen Schneeball ab. Im Frühjahr schlüpfen aus den Eiern geflügelte Blattläuse, die zu Bohnen und anderen Gemüsen fliegen. Dort produzieren sie mehrere Generationen ungeflügelter Nachkommen, die in großen Kolonien leben.

Läuse als Schädlinge
Für Pflanzen sind Blattläuse unangenehme Gäste: Sie scheiden beim Saugen Giftstoffe aus, die zu eingerollten, gekräuselten, verformten Blättern und Trieben führen können. Zudem können sie auch schädliche Viren wie Kräuselkrankheit übertragen. Blattlausbefall löst bei vielen Pflanzen jedoch Abwehrmaßnahmen aus. Sie verbreiten zum Beispiel Duftstoffe, die Blattlausfeinde anlocken (→ Seite 66).

Die Blattlausfeinde
Auf der anderen Seite sind Blattläuse eine ungemein wichtige Nahrungsquelle. Meisen, Zilpzalp und andere Vögel, Marienkäfer, Weichkäfer, Baumwanzen, Kamelhalsfliegen, Ohrwürmer, Schlupf-, Erz- und Grabwespen, die Larven von Gallmücken, Marienkäfern, Schweb- und Florfliegen und viele andere Insekten sind natürliche Fressfeinde von Blattläusen – und damit des Gärtners beste Freunde gegen eine allzu große Zahl von Läusen.
Gerade für die Küken vieler Gartenvögel gehören Läuse neben Raupen zur Hauptnahrung. Damit etwa junge Meisen mit einem Schlüpfgewicht von ca 1 g in rund dreieinhalb Wochen ein Gewicht von etwa 20 g erreichen und schließlich ausfliegen können, müssen die beiden Elternvögel in dieser Zeit für jeden Nestling rund 150 g Blattläuse, kleine Raupen und andere Insekten herbeischaffen – bei zehn Jungvögeln summiert sich das zu der beeindruckenden Menge von 1,5 kg Insektennahrung pro Brut.

Von März bis Oktober ist der Zilpzalp bei uns: Im Geäst sucht er seine Lieblingsnahrung – Blattläuse.

ORIENTIERUNG IM NETZWERK GARTEN FINDEN

Die Naturnetzwerke im Garten sind so komplex, dass es verwirren kann. Doch keine Angst: Lassen Sie sich Zeit und nähern Sie sich dem vielfältigen Leben in und um Ihren Garten ganz entspannt und mit Muße an.

Vielleicht haben Sie ja Lust bekommen, sich näher mit Ihrem Garten zu befassen, und möchten möglichst viele Lebewesen kennenlernen, die in Ihrem Garten zu Hause sind oder ihn besuchen.

Wenn die Taubenschwänzchen in der Luft stehend Nektar saugen, werden sie gern mit Kolibris verwechselt.

Ein solches Kennenlernen sollte keinem strikten »Lehrplan« folgen, sondern Freude machen und die Neugier wecken. Lassen Sie es also ruhig angehen und machen Sie aus der Beschäftigung mit der Natur eine kreative Pause. Erkunden Sie die Pflanzen und Tiere gemütlich vom Fensterbrett oder vom Liegestuhl aus oder bei einem täglichen Rundgang durch den Garten.

- Verschaffen Sie sich Artenkenntnisse – das geht viel einfacher als gedacht. Es gibt Bestimmungsbücher, die auch dem Anfänger das Erkennen von Tier- und Pflanzenarten leicht machen (→ Seite 153, Literatur).
- Beobachten Sie die Pflanzen im Tages- und im Jahreslauf. Wie fügen sich diejenigen, die Sie gepflanzt haben in den Garten und die bestehende Pflanzengemeinschaft ein? Wie entwickeln sich die, die von selbst in Ihren Garten eingewandert sind? Welche Pflanzen können sich gut halten und an ihrem Standort behaupten? Welche kümmern und verschwinden? Welche breiten sich so stark aus, dass sie sogar lästig werden?
- Welche Vögel leben in Ihrem Garten? Welche Pflanzen nutzen sie als Singwarte, für das Nest, als Nahrungsquelle?
- Welche Insekten tauchen auf und wo? Finden Sie auch noch andere Tiere wie Fledermäuse, Siebenschläfer, Igel, Haselmäuse, Eidechsen und Blindschleiche, Erdkröte und Grasfrosch?

Mit jeder Beobachtung lernen Sie die Netzwerke in Ihrem Garten besser kennen. Vielleicht schauen Sie auch über den Zaun und verfolgen neugierig,

An diesem lauschigen Sitzplatz am Teich brennen die Lichter nur, solange Sie sich dort aufhalten. Danach erlöschen sie und belassen den Garten im Dunkel der Nacht.

wie sich diese Netzwerke weiter in die Umgebung ausbreiten. Im besten Fall erwächst aus Ihrer Beschäftigung mit der Natur eine neue Haltung: Der Garten ist nicht länger ein Ort von Ordnung und Kontrolle, sondern eine Oase zum Wohlfühlen und für Naturbeobachtungen.

DIE NACHT WIEDER NACHT SEIN LASSEN

Besuchen Sie Ihren Garten auch einmal nachts. Rasch werden Sie feststellen, dass es dort oft gar nicht mehr richtig dunkel ist. Oft machen LED-Solar-Gartenleuchten und Gartenstrahler sowie das Licht der Straßenlampen und anderer Leuchtquellen die Nacht fast zum Tag. Das irritiert nachweislich Tiere und Pflanzen: Nachtaktive Insekten werden in tödliche Lichtfallen und Zugvögel in die Irre geleitet und manche tagaktiven Tiere werden in ihrer nächtlichen Ruhephase gestört. Auch die Pflanzen nehmen das künstliche Licht wahr, das ihren Tag verlängert. So werfen beispielsweise Laubbäume in der Nähe von Straßenlaternen ihre Blätter im Herbst deutlich später ab als unbeleuchtete Exemplare.
Damit es nachts in Ihrem Garten – abgesehen vom Mondschein – wieder dunkel sein kann, sollten Sie also auf unnötige Lichtquellen verzichten. Nur dort, wo Licht aus Sicherheitsgründen unabdingbar ist, sollte man eine naturfreundliche Lichtquelle so bodennah wie möglich anbringen: Das ist eine geschlossene »Full-Cut-Off«-LED-Leuchte mit langwelligem warmweißem Licht und einem schmalen Lichtkegel, der strikt nach unten gerichtet ist. Ein Bewegungsmelder oder manueller Schalter mit Relaisschaltung schaltet sie bei Bedarf an und wieder aus.

Nützliche Störer

Vielleicht beobachten Sie Elstern und Rabenkrähen in Ihrem Garten. Sie gelten oft als Schuldige für den Rückgang von Gartenvögeln. Zahlreiche Studien haben jedoch bewiesen, dass diese Vögel zu Unrecht beschuldigt werden. Vielmehr haben Elstern und Rabenkrähen als sogenannte Störer eine wichtige Aufgabe im Netzwerk Natur: Ihre Anwesenheit sorgt dafür, dass kleine Vögel fitter und aufmerksamer sind und schneller reagieren als Vögel in Gebieten ohne solche Störer.

DER GÄRTNER IST EIN TEIL DES NETZWERKS

Auch Sie gehören zum Netzwerk Ihres Gartens, schließlich haben Sie durch die Pflanzenwahl und die Art, wie Sie gärtnern, den größten Einfluss darauf. Nehmen Sie sich Zeit, um über Ihre Rolle als Gärtner zu reflektieren.

Studien belegen, dass sich Menschen in einem naturnahen Garten, der voller Leben ist, glücklicher fühlen. Diese Menschen berichten am häufigsten, dass ihr Garten sie wie ein Paradies erfrischt. Studien verraten auch, was das Wohlbefinden im Garten eindeutig stört und die Gesundheit beeinträchtigt: Lärm und unangenehme Gerüche. Vielleicht mögen Sie ja diese Ergebnisse als Anregung nehmen, bei der Wahl der Pflanzen vermehrt auf heimische Bäume und Wildsträucher, Stauden, Blumen und Gräser zu setzen, die an unsere Böden und unser Klima angepasst und deshalb robuster sind und weniger Pflege brauchen. In der Folge können Sie Ihre Gartenarbeiten auf das Nötigste reduzieren. Vielleicht mögen Sie sich auch konsequent von lauten und stinkenden Geräten trennen. Brauchen Sie tatsächlich noch den Trimmer? Muss das Gras an den Kanten akkurat geschnitten sein oder genügt nicht auch die gute alte Rasenschere? Dass Sie sich dann ein wenig bücken müssen, können Sie vielleicht als eine Art Garten-Gymnastik sehen, bei der Ihr Bewegungsapparat mit all seinen Knochen, Gelenken, Muskeln, Sehnen und Bändern mobilisiert wird. Auch den motorbetriebenen Rasenmäher, der am Feierabend und Samstag die Geräuschkulisse der Gärten prägt, muss vielleicht nicht sein. Tut es nicht auch ein Handrasenmäher, mit dem Sie nur das Nötigste regelmäßig mähen? Und wie wäre es mit einer Handsense für die Blumenwiese? So lernen Sie auch noch eine neue alte Technik kennen – das macht Körper und Hirn gleichermaßen fit.

Schluss mit lärmenden Laubbläsern: Fegen Sie Laub mit dem Rechen und erfrischen Sie dabei Geist und Körper.

SLOW GARDENING

Mit diesen Entscheidungen liegen Sie voll im Trend: Weg vom Arbeiten bis zum Burnout, von Leistung und Funktionieren, hin zu Achtsamkeit, Entschleunigung und Slow Gardening. Beobachten Sie Pflanzen und Tiere anstatt große Rasenflächen zu mähen. Erfreuen Sie sich an der Vielfalt Ihrer Gartenpflanzen und der Tierwelt, anstatt Unkraut zu jäten. Fegen Sie das Herbstlaub mit einem Rechen unter die Büsche, anstatt es mit einem lärmenden Laubbläser fortzublasen. In jeden Fall tut die Bewegung an der frischen Luft Körper

Achtsam sein mit sich und den Mitgeschöpfen dieser Erde, den Pflanzen und den Tieren – das können Sie im Garten üben und lernen.

und Seele gut und es ist sehr befriedigend, anschließend zu sehen, was man geschafft hat. Wenn Sie so an die Gartenarbeit herangehen, nutzen Sie sie als Zeit für sich, um sich zu erden oder fit zu halten. Rasenmähen mit dem Handmäher kann fast schon eine Meditation sein: Wenn Sie in Runden oder Schlangenlinien über den Rasen oder die Wiese gehen, ist Ihre Aufmerksamkeit zwar gebunden. Doch auf einer anderen Ebene können Sie über sich oder Dinge, die Sie beschäftigen, reflektieren und möglicherweise einen anderen Zugang finden. Und gönnen Sie sich mehr Ruhe: Lassen Sie im Garten auch mal Arbeit Arbeit sein und genießen die Zeit des Nichtstuns.

Achtsam gärtnern

Achtsamkeitsübungen haben ihren Ursprung oft im Buddhismus. Dabei widmen Sie sich bewusst dem, was sie tun, und erledigen es nicht nebenbei. Beim morgendlichen Gießen etwa nehmen Sie bewusst jede Pflanze wahr, ihre Blätter, ihre Blüten und wie sie sich von gestern auf heute verändert hat. Bei Pflanzen, zu denen Sie eine besondere Verbindung spüren, verweilen Sie ein wenig länger. Um sich zu erfrischen, streifen Sie zum Beispiel mit den Händen über die Blätter einer Minze und atmen tief den Duft ein. Das geht auch auf dem Balkon.

Diese Pflanze zählt!

PFEFFER-MINZE

Mentha × piperita

Anspruchslos, pflegeleicht, erfrischend – das ist die Pfeffer-Minze. Einziger Wermutstropfen: Sie neigt dazu, sich durch Ausläufer stark auszubreiten. Deshalb setzt man Minzen in große Pflanzgefäße, im Garten versenkt man diese einfach im Erdboden.

Dicke Pluspunkte:

1. Entlang von Wegen oder an Sitzplätze gepflanzt verströmt die Pfeffer-Minze frischen Duft.
2. Die Pfeffer-Minze ist eine prima Insektenweide: Wild- und Honigbienen, Schwebfliegen und Schmetterlinge tanken von Juli bis September Nektar an den hübschen Blüten.
3. Ein Tee aus frischen oder getrockneten Minze-Blättern schmeckt gut und erfrischt. Außerdem wirkt er krampflösend bei Magen-Darm-Beschwerden und hilft bei Kopfweh.
4. Zerreibt man ein Blatt der Pfeffer-Minze und gibt es auf einen Insektenstich, lindert dies den Schmerz und wirkt desinfizierend.
5. Ein paar frische Minze-Blätter in Zitronenlimonade mit Eiswürfeln machen munter und erfrischen.

DEN GARTEN ÖFFNEN FÜR DIE NATUR

PRAXIS IM NATUR-NETZWERK GARTEN

EINE GUTE BASIS FÜR DEN GARTEN

Der Boden ist mehr als nur Substrat, sondern ein komplexes Ökosystem und die Basis für ein gesundes Pflanzenleben. Umso wichtiger ist es, schonend und nachhaltig mit dem Gartenboden umzugehen.

Ein gesunder Boden ist porenreich, das ganze Jahr über bedeckt und geschützt. Er gibt den Pflanzen Halt und versorgt sie über die Wurzeln mit Sauerstoff, Nährstoffen und Wasser. Weder ist sein Salzgehalt zu hoch, z. B. durch den Einsatz mineralischer Dünger, noch enthält er Gifte wie Herbizide oder Schneckenkorn. Im Boden spiegelt sich auch der Kreislauf der Jahreszeiten wider: Während der winterlichen Ruhephase des Gartens ruhen auch viele Prozesse im Boden. Oft ist er sogar gefroren. Sobald der Boden in der Landwirtschaft und im Garten jedoch menschlichem Tun ausgesetzt ist, verändert sich sein Zustand: Auf Feldern und Gartenbeeten wird er immer wieder umgegraben und bearbeitet. Außer mit dieser mechanischen Bearbeitung muss er oft auch mit einem Übermaß an Düngemitteln sowie mit Pestiziden zurechtkommen. Wie soll sich da ein stabiles Bodenleben oder eine Mykorrhiza bilden (→ Seite 30)?
Mit dem Wissen um die Vorgänge in einem gesunden Boden sind Sie jedoch bestens gerüstet, um dem Boden gegenüber eine wertschätzende Haltung zu entwickeln und Ihr Handeln im Garten daran auszurichten (→ Seite 28–33).
Zur Sorgfalt gegenüber dem Boden gehört als Erstes, in welcher Form er und die Bodenlebewesen genährt werden. Konkret bedeutet dies, konsequent auf mineralische Kunstdünger zu verzichten. Stattdessen sollten Sie auf organische Düngung umstellen und sie zudem an die Bedürfnisse der Pflanzen anpassen: Weil sich die Pflanzen ab August auf das Ende der Saison einstellen und auf den Winter vorbereiten, stellen Sie ab diesem Zeitpunkt bis zum Frühjahr die Düngung ein. So ist sichergestellt, dass sich keine Nährstoffe im Boden anreichern, die er in dieser Zeit nicht mehr verwerten kann.

DREIFACH GUT: MULCHEN, GRÜNDÜNGUNG, KOMPOST

Bei der organischen Düngung greifen Sie auf drei altbewährte Methoden zurück, die wir von der Natur abgeschaut haben: Mulchen, Gründüngung und Kompost.

- An Stellen, an denen keine Pflanzen wachsen sollen wie etwa zwischen Gemüsekulturen oder unter Beerensträuchern, übernimmt eine Mulchschicht den Schutz der Bodenoberfläche. Dazu verwenden Sie nur pflanzliches Material, denn es dient gleichzeitig den Bodenlebewesen als Nahrung. Wundern Sie sich also nicht, wenn es über die Wochen nach und nach abnimmt.
- Gründüngung ist eine sehr alte Methode, bei der vor allem Leguminosen wie Acker-Bohne, Futter-Erbse oder Klee als Zwischenfrucht angebaut wurden. Dank der Knöllchenbakterien an ihren Wurzeln können Leguminosen den Stickstoff aus der Luft binden und als Ammonium-Ionen an Bodenteilchen gebunden dem Boden zuführen. Heute besinnen wir uns auch im Garten wieder auf diese altbewährte Methode.
- Kompost gehört in jeden Garten, denn mit ihm werden pflanzliche Reste auf natürliche Weise dem Netzwerk Boden zurückgegeben.

DEN GARTENBODEN KENNENLERNEN UND PFLEGEN

Sandig, lehmig oder tonig? Locker oder verdichtet? Trocken oder nass? Nur wenn Sie Ihren Gartenboden kennen, können Sie ihn auch richtig pflegen und, wenn nötig, verbessern. Ein bisschen Bodenpraxis.

Jede Region hat aufgrund von Gestein, Klima, Lage und anderen Faktoren einen typischen Boden. Und jede dieser Bodenarten – ob Sand, Ton, Lehm, Moor und Mischformen, benötigt eine unterschiedliche Pflege. Auch die Verfügbarkeit von Nährstoffen hängt von der jeweiligen Bodenart ab. Einen ersten Eindruck von Ihrem Gartenboden bekommen Sie, wenn Sie mit beiden Händen in die Erde greifen: Wie fühlt er sich an? Welche Farbe hat er? Ein dunkles Braun etwa weist auf wenig Kalk hin. Wie duftet er? Riecht er nach Erde, so ist er gut durchlüftet und mit Sauerstoff versorgt. Stinkt er wie Jauche, so laufen im Boden mangels Sauerstoff anaerobe Prozesse ab und er fault. Anschließend nehmen Sie eine kleine Menge Erde, feuchten sie an und versuchen, eine Art Wurst zu formen. Zerfällt sie oder lässt sie sich gut oder sehr leicht formen? Mit dieser Fingerprobe erkennen Sie, ob der Boden sandig, lehmig oder tonig ist (→ rechts, Tabelle). Auch Wildkräuter, die sich von allein ansiedeln, geben als Zeigerpflanzen wichtige Hinweise auf den Boden.

Auf nährstoffarmem, durchlässigem, trockenem Boden gedeihen Königskerzen, Federgras und Präriestauden.

BODENUNTERSUCHUNG

Wenn Pflanzen nicht richtig wachsen, vermuten viele Gärtner häufig Nährstoffmangel als Ursache und greifen rasch zu Düngemitteln. In den meisten Fällen haben Wachstumsstörungen aber andere Ursachen, wie Lichtmangel, Staunässe usw. Gartenböden sind heute generell meist mit Nährstoffen überversorgt. Wenn Sie Ihren Boden kennenlernen wollen bzw. wenn Sie einen Garten neu anlegen, sollten Sie den Boden deshalb analysieren lassen, bevor Sie unnötig düngen (→ Seite 86). Bei einer Standardanalyse werden verschiedene Nährstoffe wie Phosphat, Kalium und Magnesium so-

DIE WICHTIGSTEN BODENTYPEN

BODENART	KENNZEICHEN	FEUCHTIGKEIT	NÄHRSTOFFGEHALT	DAS TUT GUT
Sandboden (leicht)	rau, nicht formbar, klebt nicht an den Fingern, erwärmt sich schnell, sehr gute Durchlüftung, gut zu durchwurzeln und bearbeiten	trocken, geringes Speichervermögen für Wasser	gering, vor allem an Kalzium und Natrium	Humusanteil erhöhen (Kompost, Gründüngung), Gesteinsmehl einarbeiten
lehmiger Sandboden (mittelleicht)	rau, wenig formbar, klebt kaum an den Fingern, erwärmt sich mittelschnell, gute Durchlüftung, wird gut durchwurzelt, leicht bearbeitbar	eher trocken	mittelmäßig, etwas besser als Sandboden	Humusanteil erhöhen (Kompost, Gründüngung)
sandiger Lehmboden (mittelschwer)	z. T. rau, formbar, klebt gut an den Fingern, erwärmt sich mittelschnell, relativ gute Durchlüftung, wird gut durchwurzelt, leicht bearbeitbar	eher feucht, gutes Speichervermögen	gut, gilt als bester Gartenboden für Kulturpflanzen	Fruchtbarkeit erhalten
Tonboden (schwer)	beim Zerreiben entsteht eine glänzende Fläche, sehr gut formbar, klebt an den Fingern, erwärmt sich langsam, schlechte Durchlüftung, wird schlecht durchwurzelt, neigt zum Verdichten, schwer bearbeitbar	neigt zu Nässe, hohes Speichervermögen für Wasser mit eher schlechter Verfügbarkeit	hoch, Nährstoffe allerdings nur langsam verfügbar	groben Sand einarbeiten, mit tief wurzelnden Gründüngerpflanzen (Perser-Klee, Sonnenblumen, Lupinen) lockern, bei Nässe nicht betreten

wie der pH-Wert ermittelt, auf Wunsch gibt es Angaben zu Spurenelementen. Hilfreich ist eine zusätzliche Untersuchung von Humus- bzw. Kohlenstoffgehalt. Die Analyse gibt auch Auskunft über die Verfügbarkeit der Nährstoffe und das Bodenleben. Oft erhalten Sie zudem Empfehlungen zum Düngen und zur Bodenverbesserung. Am besten wiederholen Sie eine solche Analyse alle drei bis fünf Jahre. Der beste Zeitpunkt ist der Spätherbst oder das zeitige Frühjahr.

BODENWASSER UND BODENLUFT

Ein gesunder Boden hat eine Struktur wie ein Schwamm. Er ist von Poren durchzogen, die mehr als die Hälfte seines Volumens ausmachen. Diese Poren sind mit Luft und Wasser gefüllt. Beide sind unerlässlich für ein gutes Gedeihen der Pflanzenwurzeln. Das Bodenwasser versorgt die Wurzeln mit Wasser und Nährsalzen, zudem spielt es bei der Verwitterung und Humusbildung eine wichtige Rolle.

Die Bodenluft liefert nicht nur den Bodenlebewesen lebensnotwendigen Sauerstoff, sondern auch den Wurzeln. Tatsächlich »atmet« der Boden, denn zwischen der Luft im Boden und in der Atmosphäre gibt es einen ständigen Austausch. Diese »Atmung« fördert das Bodenleben. Deshalb haben Folien – egal ob sie den Boden erwärmen, Kulturen schützen oder Unkraut unterdrücken sollen – auf der Bodenoberfläche nichts zu suchen.

Umgraben: ja oder nein?

Die Antwort auf diese alte Gärtnerfrage lautet: Es kommt darauf an. Im Prinzip schadet Umgraben mehr, als es nützt: Das für die Fruchtbarkeit essenzielle Zusammenspiel der Bodenlebewesen wird nachhaltig gestört, Unkrautsamen gelangen an die Oberfläche und keimen und der nach dem Winter frostgare, krümelige Zustand des Bodens ist nur von kurzer Dauer. Nur wenn der Boden extrem schwer oder nach Baumaßnahmen stark verdichtet ist, bietet sich Umgraben an. Doch auch dann gibt es bodenverträglichere Methoden: Tiefere Schichten lockert man mit der Grabegabel, die man nach dem Einstechen vor und zurück bewegt.

DEN BODEN LOCKERN LASSEN

Ein gesunder Boden besteht zu 45 % aus mineralischen Substanzen, zu 48 % aus Bodenporen, die ungefähr hälftig mit Bodenwasser und Bodenluft gefüllt sind, sowie aus rund 7 % organischen Substanzen (Humus und andere abgestorbene organische Materie, Pflanzenwurzeln und Bodenorganismen). In einem gesunden Boden ist die Zusammensetzung der Arten an Bodenlebewesen intakt. Ein gesunder Boden ist locker, er »atmet«. Überall, wo das Porenvolumen zusammengedrückt wird, etwa durch den Einsatz von schwerem Gerät beim Hausbau, aber auch dort, wo man ihn regelmäßig betritt oder wo Autos abgestellt werden, wird der Boden jedoch verdichtet und kann nun weniger Luft und Wasser speichern, Staunässe und Sauerstoffmangel entstehen. Dies stresst die Pflanzen. Abhilfe können Sie durch regelmäßiges Lockern mit dem Kultivator schaffen. Es fördert die Durchlüftung des Bodens. Noch besser erledigen dies Regenwürmer und andere Bodenlebewesen, wenn sie sich durch den Boden fressen und graben. Deren Tätigkeit können Sie durch Mulchen fördern (→ Seite 83). Auch spezielle Gründüngungspflanzen lockern den Boden mit ihren langen, tief reichenden Wurzeln. (→ Seite 86).

DAS BODENLEBEN FÖRDERN

Die oberste, bis zu 30 cm dicke Bodenschicht bezeichnet man als Mutterboden. Hier findet ein reiches Bodenleben statt – sofern der Boden gesund ist. Durchschnittlich enthält er 5–7 % organische Substanz, die sich aus rund 85 % Humus, 10 % Pflanzenwurzeln und 5 % Bodenlebewesen zusammensetzt. 80 % dieser Bodenlebewesen sind Mikroorganismen (Bakterien, mikroskopisch kleine Pilze und Algen), 12 % Regenwürmer, 5 % Makrofauna (Asseln, Spinnen, Schnecken, Insektenlarven, Borstenwürmer) und 3 % Meso- und Mikrofauna (Springschwänze, Milben, Fadenwürmer, Einzeller). Diese Tiere zerkleinern nach und nach die pflanzlichen und tierischen Reste, sodass sie weiter von den Mikroorganismen zu pflanzenverfügbaren Nährelementen zersetzt werden können. Pilze und Einzeller können sogar Lignin aus Holz und Zellulose aus Pflanzenzellen zersetzen und dem Boden zuführen. Durch diesen gesamten Abbauprozess entsteht Humus.
Ob Ihr Gartenboden allerdings gesund und reich an Lebewesen ist, hängt wie überall auch davon ab, wie er beschaffen ist und behandelt wird. Im verdichteten und schlecht durchlüfteten Boden nimmt das Bodenleben rapide ab, ebenso im mineralisch gedüngten, salzhaltigen, mit Unkrautvernichtungs- und Schädlingsbekämpfungsmitteln behandelten Böden. In vielen Ackerböden sind durch die Art der Bearbeitung und den Pestizideinsatz bis zu 90 % der Bodenlebewesen verschwunden.

EINE MULCHSCHICHT SCHÜTZT

Offener Boden ist schutzlos den Kräften der Natur ausgeliefert. Er trocknet aus, verschlämmt oder wird durch Wind und Wasser abgetragen. Durch

Nachhaltig gießen

Ein effektiver Umgang mit der Ressource Wasser versteht sich von selbst.

- Sammeln Sie mithilfe eines Fallrohrs Regenwasser in einer Regentonne oder einem Tank: Pro Quadratmeter Dachfläche können Sie so pro Jahr bis zu 600 Liter kalkfreies Regenwasser gewinnen.
- Statt jeden Tag ein bisschen besser alle paar Tage reichlich gießen, etwa 20 Liter pro Quadratmeter: Der Boden sollte bis in 20 cm Tiefe gut feucht werden.
- Nur den Boden wässern, nicht über die Pflanzen oder die Blätter gießen.
- Verzichten Sie auf Rasensprenger und Kreisregner. Hier verdunstet zu viel Wasser und die Blätter werden nass.
- Bester Gießzeitpunkt ist der frühe Morgen, wenn es noch nicht zu warm ist.
- In einem großen Garten oder wenn Sie öfter unterwegs sind, empfiehlt sich ein wassersparendes Bewässerungssystem mit Tröpfchenbewässerung.

diese Prozesse wird die Struktur des Bodens zerstört, in der Folge sterben die Bodenlebewesen ab. Sorgen Sie deshalb dafür, dass der Boden immer bedeckt ist. Wo dies nicht durch eine Pflanzendecke – eventuell aus Bodendeckern – oder Gründüngung gewährleistet ist, ist Mulchen die Maßnahme der Wahl.
Unter Mulchen versteht man das Abdecken des Bodens mit organischem Material, eine höchstens 3 cm dicke Schicht genügt. Mulchmaterial können Sie das ganze Jahr über ausbringen und das ganze Jahr über liegen lassen. Da es von den Bodenlebewesen verzehrt wird, nimmt es mehr oder weniger rasch ab. Dann legen Sie neues Material nach.

Oben: Der Kultivator lockert punktuell den Boden. Unten: Regenwassersammeln versteht sich von selbst, eine Abdeckung der Tonne ebenfalls!

DAS EIGNET SICH ZUM MULCHEN

ORGANISCHES MATERIAL	WO AUSBRINGEN?
angetrockneter Rasenschnitt, Schnitt von Blumenwiesen	höchstens 3 cm dick auf Gemüsebeeten oder unter Gehölzen
frische Reste von Gemüse, Kräutern und Blumen sowie andere Pflanzenreste	überall im Garten; größere Blätter und Pflanzenteile vor dem Ausbringen zerkleinern
Herbstlaub	dünn auf Beeten (eventuell mit etwas Erde beschweren) oder dicker unter Gehölzen
Blätter und Geiztriebe von Tomaten	an Kohlpflanzen, sie halten Kohlweißlinge fern
Stroh, Holzspäne	zwischen Erdbeeren und unter Beerensträuchern
Holz- und Rindenmulch. Beim Kauf unbedingt auf Herkunft und Zusammensetzung achten; keine Produkte aus Tropenhölzern verwenden.	unter Beerensträucher und Blütengehölze (nur dünn ausbringen, damit der Gasaustausch zwischen Boden und Luft nicht blockiert wird), aber nicht unter Rosen

- Mulch regt die Tätigkeit der Mikroorganismen im Boden an. Dadurch verbessert sich seine Krümelstruktur und es wird Humus angereichert.
- Mulchen fördert Regenwürmer und andere Bodenlebewesen.
- Es erhält die Bodenfeuchtigkeit, vor allem in leichten Sandböden.
- Mulchen führt die Nährstoffe organischer Pflanzenabfälle dem Boden wieder zu, und zwar in pflanzenverwertbarer Form.
- Im Garten anfallende Pflanzenabfälle können als Mulch ganz einfach »entsorgt« werden, ohne dass man einen Komposthaufen anlegen muss.
- Laufkäfer und andere Nützlinge finden in der Mulchschicht Unterschlupf und unterstützen Sie beim biologischen Pflanzenschutz gegen schädliche Insekten oder Schnecken.

AUF CHEMIE VERZICHTEN

Verzichten Sie konsequent auf den Einsatz von Unkraut- und Schädlingsvernichtungsmitteln – sie wirken ohne Unterschied und töten auch nützliche Bodenorganismen ab. Setzen Sie stattdessen auf mechanische oder biologische Methoden.
Auch Kunstdünger sind tabu. Manche enthalten Substanzen wie Kalkstickstoff: Dahinter verbirgt sich ein Stickstoffdünger, dessen hoher Anteil an Cyanamid Pflanzen, Tiere, Pilze und Mikroorganismen abtötet.

MYKORRHIZA FÖRDERN

Viele Pflanzen leben besser, wenn Mykorrhizapilze im Boden vorhanden sind. Das feine Geflecht der Pilze – Myzel genannt – umspinnt die Wurzeln der Gartenpflanzen und geht mit ihnen eine enge Verbindung ein. Dabei unterstützen und fördern sich beide Partner gegenseitig: Der Pilz kann durch sein feines Geflecht viel intensiver den Boden durchdringen als die Pflanzenwurzeln und liefert an die Pflanzen Wasser und Nährstoffe. Dafür erhält er von den Pflanzen Zuckerverbindungen, die sie bei der Fotosynthese herstellen.
Weil die Pflanzen dank des Pilzpartners besser mit Wasser und Nährstoffen versorgt sind, werden sie kräftiger. Außerdem werden sie gesünder, weil der Pilz ihre Abwehr gegen Krankheiten und Schädlingsbefall stärkt und sie anregt, Abwehrsubstanzen in die Blätter einzulagern. So liefern beispielsweise Erdbeeren mit Pilzpartner vitaminreichere, aromatischere Früchte, die zudem intensiver rot gefärbt sind. Kartoffeln mit Pilzpartner faulen im Lager um 90 % weniger als Kartoffeln ohne.

Moore sind kostbare Ökosysteme mit einzigartiger Flora und Fauna. Abgebauter Torf ist dagegen biologisch tot – er fördert einzig durch sein großes Porenvolumen kurzfristig den Luft- und Wasserhaushalt des Gartenbodens. Doch das können Regenwürmer und Pflanzenwurzeln besser.

Es gibt auch Hinweise, dass Mykorrhiza freie Sauerstoffradikale bindet und die Pflanzen so widerstandsfähiger macht gegen Stress durch Trockenheit, Kälte und andere Klimafaktoren.
Im Biolandbau werden Mykorrhizapilze schon intensiv eingesetzt und auch für den Garten können Sie sie erwerben. Achten Sie beim Kauf auf den richtigen Pilztyp des Produkts, denn die Pflanzen haben verschiedene Mykorrhizapartner:

- Für Bäume und Sträucher wählen Sie sogenannte Ektomykorrhizapilze.
- Für Kräuter, Stauden und Gräser, Kübel-, auch Balkon- und Zimmerpflanzen, Rasenflächen, Rosen und viele Gemüsekulturen wie Tomaten, Gurken wählen Sie Endomykorrhizapilze.

Zur Anwendung mischt man das Produkt einmalig unter die Erde. Danach wächst das Myzel und geht mit den Pflanzenwurzeln eine Symbiose ein.

Schluss mit Torf

Moorboden gehört weder in den Garten noch in den Blumentopf. Zwar scheint Torf seit Jahrzehnten aus dem Blumenerdensortiment verbannt – dennoch werden allein in Deutschland jedes Jahr zehn Millionen Kubikmeter Torf für Blumenerde verbraucht. Vor allem billige Produkte enthalten Torf. Da unsere Moore bis auf wenige Reste abgebaut oder trockengelegt wurden, kommt der Torf heute aus den einzigartigen europäischen Moorlandschaften Russlands und des Baltikums. Dort zerstören Bagger unwiederbringlich diese kostbaren Lebensräume, die für viele bedrohte Pflanzen- und Tierarten eine Heimat sind. Verzichten Sie deshalb unbedingt auf torfhaltige, auch torfreduzierte oder torfarme Blumenerde und achten Sie beim Kauf darauf, dass das Produkt als »torffrei« deklariert oder mit dem RAL-Gütesiegel ausgezeichnet ist. Torffreie Blumenerden sollten Kompost als Torfersatzstoff enthalten, er ist in vielerlei Hinsicht viel besser als Rindenhumus, Kokos oder Holzhäcksel.

DEN GARTENBODEN NACHHALTIG DÜNGEN

Weniger ist mehr – das gilt beim Düngen ganz besonders, denn auch organische Dünger können Pflanzen, Boden und dem Grundwasser schaden. Düngen Sie also nur, wenn es wirklich notwendig ist.

Ihr Garten liefert auf natürliche Weise jede Menge organische Substanzen wie Falllaub, abgestorbene Rest von Stauden und Sommerblumen sowie Schnittgut und Erntereste. All diese Materialien können Sie zum Mulchen (→ Seite 82) oder aber zum Kompostieren verwenden (→ Seite 87). Gedüngt werden sollte nur mit Kompost, Gründüngung, Hornspänen und ähnlichen organischen Substanzen. Eine solche Düngung ist nicht nur für den Boden und die Pflanzen besser, sondern auch in der Produktion energieärmer als industriell hergestellte mineralische Präparate. Oder wussten Sie, dass bis zu 3 % des weltweiten Energieverbrauchs in die Herstellung von künstlichem Stickstoffdünger fließt? Außerdem ernähren mineralische Dünger kein einziges Bodenlebewesen, sondern dezimieren es im schlimmsten Fall sogar. Denn mineralische Düngersalze verändern die Zusammensetzung der Bodenbakterien – möglicherweise fehlen dann genau die Bakterien, die die Pflanzen in ihrem Wachstum und bei der Abwehr von Krankheiten unterstützen können.

Die nordamerikanische Phacelia ist eine nektar- und pollenreiche Bienenweide. Sie ist aber nicht winterhart.

GRÜNDÜNGUNG

Gründüngungspflanzen tun dem Boden gut und versorgen ihn nachhaltig mit Nährstoffen. Sie bedecken und schützen ihn bei der Neuanlage eines Gartens oder Beetes, zwischen Beerensträuchern und Obstbäumen oder dienen auf frei gewordenen Gemüsebeeten als Vor- und Nachkultur. Einige Gründünger führen dem Boden aber nicht nur Stickstoff zu, sondern sie brechen ihn tiefgründig auf, wenn er verdichtet ist, und schützen ihn vor Hitze, Frost und Erosion. Wird die Gründüngung nicht mehr benötigt oder sterben die Pflanzen ab,

PFLANZEN FÜR DIE GRÜNDÜNGUNG

PFLANZE	WOFÜR GEEIGNET?
grünmassenreiche Pflanzen wie Phazelia, Lihoraps, Serradella und Sonnenblumen	für leichte, humusarme Böden
Tiefwurzler wie Acker-Bohne, Bokhara-Klee, Borretsch, Gelb-Senf, Landsberger Gemenge, Lupine, Luzerne, Ölrettich, Perser-Klee, Quirl-Malve, Rot-Klee, Sonnenblume, Steinklee	für schwere und verdichtete Böden
Tübinger Mischung mit Bienenfreund (Phazelia), Buchweizen, Gelb-Senf, Koriander, Ringelblume, Schwarzkümmel, Ölrettich, Kornblume, Wildmalve, Dill und Borretsch	Bienen- und Insektenweide, für alle Böden, außer trockene Sandböden
Brandenburger Bienenweidegemisch, Serradella, Gelb-Senf, Buchweizen, Ölrettich, Borretsch, Wildmalve, Sonnenblume	Bienen- und Insektenweide, für leichte Böden
Weiß-Klee	düngt Rasenflächen, Bienen- und Insektenweide
Perser-Klee, Steinklee	für Baumscheiben von Beerensträuchern und Obstbäumen
Gelb-Senf, Kornrade, Ölrettich, Ringelblume, Sonnenblume, Studentenblume (Tagetes, mindestens 4 Monate stehen lassen)	gegen Nematoden, zum Fördern der Bodengesundheit
Sonnenblume	entzieht Schwermetalle

bringt man sie in den Boden ein. Auch dabei verbessern sie die Bodenstruktur und düngen ihn sanft, indem Bodenlebewesen das Material abbauen und für nachfolgende Pflanzen verfügbar machen. Die meisten Gründüngungspflanzen haben eine kurze Entwicklungszeit und können von Frühjahr bis zum Herbst ausgesät werden.

Böden mit Pflanzen abmagern

Klassisch mischt man Sand unter zu stickstoffreiche Böden. Sie können solche Böden aber auch mit Pflanzen (→ Seite 42, 58) abmagern. Brennnesseln etwa entziehen dem Boden Stickstoff und bereiten so in der Natur den Boden für die bei uns natürlicherweise erfolgende Bewaldung vor.

Einer der bewährtesten Gründünger ist Phacelia, der Bienenfreund. Diese wunderschöne Pflanze lockt Unmengen von Bienen an, gedeiht auf leichten bis schweren Böden und ist – weil sie mit keinem Gemüse verwandt ist – perfekt geeignet als Vor- und Nachkultur. Man kann sie nach den Eisheiligen bis Ende August aussäen. Ihre Entwicklungszeit beträgt 8–10 Wochen, die Pflanze hat also noch genügend Zeit, sich zu entwickeln und zu blühen, bevor die Fröste einsetzen.
Neben einzelnen Gründüngungspflanzen können Sie auch einen Mix aus verschiedenen Arten ansäen. Der Handel bietet spezielle Mischungen an (→ Tabelle).

KOMPOST

Mit der Bereitung von garteneigenem Kompost ahmen Sie einen natürlichen geschlossenen Nährstoffkreislauf nach. Denn fast alle Pflanzenreste, die im Garten und Haushalt anfallen, können kompostiert werden und ergeben ein Substrat, das dem Boden die Nährstoffe zurückgibt, die er in die Blumen und Gräser, Früchte, Gemüse und Kräuter

Kürbis und Zucchini gehören neben den Kompost. Sie profitieren von seinen Nährstoffen und beschatten ihn.

investiert hat. Kompost ist der beste natürliche Dünger. Wenn Sie ausreichend davon haben, brauchen Sie im Garten normalerweise keinen anderen Dünger mehr.

SO KOMPOSTIEREN SIE RICHTIG

Damit bei der Verrottung des organischen Materials alles gut geht, ist es wichtig, dass Sie den Kompost fachgerecht aufsetzen.

- Wählen Sie für den Kompostplatz eine Stelle im Garten mit wasserdurchlässigem Boden aus. Der Platz sollte am besten im Halbschatten liegen.
- Stellen Sie einen Behälter aus Holzlatten direkt auf den Boden. Direkter Bodenkontakt ist wichtig, denn für guten Kompost ist die Hilfe der Mikroorganismen, Regenwürmer und anderer Bodentiere unerlässlich. Sie wandern vom Boden in den Kompost ein. Ein Kaninchendraht hält unerwünschte Besucher wie Ratten fern.
- Als Startfüllung geben Sie als unterste Schicht grobe Äste und Zweige in den Behälter. Darauf verteilen Sie zwei Handvoll Kompost oder Gartenerde. Dann mischen Sie alle möglichen Pflanzenreste aus dem Garten und geben sie dazu. Äste und Zweige sollten Sie zuvor schreddern. Anschließend geben Sie pflanzliche Küchenabfälle wie Obst- und Gemüsereste sowie Eierschalen etc. als handbreite Schicht auf den Kompost und decken sie mit zwei Handvoll Kompost oder Gartenerde ab. Wechseln Sie Schichten aus Garten- und Küchenabfällen ab.
- Wurzelunkräuter wie Quecke und kranke Pflanzenteile sortieren Sie unbedingt aus, sie haben auf dem Kompost nichts verloren, ebenso gekochte oder verdorbene Küchenabfälle, Fleisch- und Fischabfälle, Knochen, Öle und Fette.
- Achten Sie auf eine lockere Schichtung, damit genug Luft in den Kompost gelangt und die Masse nicht fault. Ein guter Komposthaufen riecht angenehm erdig, ein faulender stinkt.
- Halten Sie den Kompost feucht (nicht nass!). Gießen Sie bei Trockenheit, damit die mikrobiologischen Prozesse ablaufen können.
- Achten Sie auch beim Nachfüllen des Komposts auf eine gute Mischung von holzigem und krautigem Pflanzenmaterial. Auch sollten die einzelnen Schichten nicht zu dick sein.
- Schichten Sie den Kompost einmal im Jahr um, vor allem, wenn er dicht geschichtet ist. So werden die Materialien durchmischt und belüftet.
- Im nächsten Frühjahr ist der nun fein nach Erde duftende Kompost fertig. Sieben Sie grobe Teile heraus und geben Sie diese nochmals auf den Kompost. Den reifen Kompost können Sie auf den Beeten verteilen: 3–4 Liter pro Quadratmeter einmal im Frühjahr reichen völlig aus.

Übrigens: Kompost versorgt nicht nur die Bodenlebewesen, sondern auch Vögel, Blindschleichen und andere Tiere. Im Kleintierparadies Komposthaufen mit Dung- und Fruchtfliegen, Regenwürmern, Schnecken und anderen ist der Tisch für sie reichlich gedeckt.

ORGANISCHE DÜNGER

Wenn Sie keinen Kompost haben, greifen Sie auf selbst hergestellte Jauche oder einen käuflichen organischen Dünger zurück.

- Hornspäne und Hornmehl enthalten reichlich Stickstoff und Phosphor. Je feiner sie sind, umso rascher sind die Nährstoffe für die Wurzeln verfügbar.

- Algendünger enthalten viel Kalium, Magnesium, und Spurenelemente, manche auch Kalk, der den Boden-pH-Wert puffert. Diese pflanzlichen Dünger aktivieren das Bodenleben, regen das Wachstum der Pflanzen an und stärken deren Widerstandskraft. Beachten Sie die Dosierungs- und Anwendungsangaben auf der Verpackung.
- Echter Guanodünger enthält den Kot von Seevögeln. Er ist ein stickstoff- und phosphorreicher Dünger, der sich für Starkzehrer eignet. Weil der Transportweg weit ist, wählen Sie aus ökologischen Gründen aber lieber regionalen Biogeflügelmist. Die Dosierungs- und Anwendungsangaben auf der Verpackung beachten.
- Pferdemist versorgt Tomaten, Rosen und andere Pflanzen ausgewogen mit Nährstoffen. Weil Pferdeäpfel wärmend wirken, eignen sie sich auch zum Untermischen im Frühbeetkasten.
- Auch Schafwolle dient als Dünger, sofern der Boden nicht sauer ist. Die kalium-, stickstoff- und phosphorreiche Wolle enthält auch Schwefel und verbessert das Wasserspeichervermögen des Bodens.
- Pflanzenjauchen stellt man aus Wildkräutern her. Man bringt sie 1:10 mit Wasser verdünnt aus. Wegen ihrer arttypischen Inhaltsstoffe wirken sie verschieden: Brennnesseljauche ist dank hohem Stickstoffgehalt ein idealer Dünger für Blumen, Obst und Gemüse (außer Bohnen, Erbsen, Zwiebelgewächse), der das Bodenleben aktiviert. Rhabarberkrautjauche stärkt das Pflanzengewebe und beugt Pilzkrankheiten vor. Löwenzahnjauche fördert Wachstum und Fruchtbildung bei Erdbeeren und Gemüse. Beinwelljauche versorgt Rosen und andere Gehölze, Gemüse und Jungpflanzen mit Kalium. Ackerschachtelhalmjauche beugt Pilzkrankheiten vor (→ Seite 116).

Gesteinsmehl

Dieser pulverfeine Dünger, auch Urgesteinsmehl genannt, wird durch Zermahlen von Gesteinen, meist vulkanischen Ursprungs wie Basalt oder Lava, gewonnen. Es reichert den Boden mit Kieselsäure sowie verschiedenen mineralischen Spurenelementen an, die die Pflanzen widerstandsfähiger machen. Bei der Herstellung von Pflanzenjauche wird es eingesetzt, um Gerüche zu binden.

Fertigen Kompost wirft man durch ein Sieb, die groben Teile werden dann noch einmal kompostiert.

Grundrezept Jauche

Für 10 Liter Jauche benötigen Sie 1 kg frische oder 100–200 g getrocknete Pflanzen. Schneiden Sie die Kräuter klein und geben Sie sie lose oder in einem durchlässigen Stoffbeutel in ein Jauchegefäß aus Holz, Steingut, Ton oder Polyäthylen. Mit 10 Liter Wasser auffüllen und abdecken, damit keine Vögel oder andere Tiere hineinfallen und ertrinken. Diesen Jaucheansatz müssen Sie täglich umrühren. Nach ein paar Tagen setzt die Gärung ein. Um die Geruchsbildung zu reduzieren, mischen Sie Baldrianextrakt, Bentonit, Eichenblätter oder Urgesteinsmehl unter. Wenn sich nach zwei bis drei Wochen kein Schaum mehr bildet, entfernen Sie die Kräuter. Nun können Sie die Jauche einsetzen.

VIELFÄLTIG, HEIMISCH & ATTRAKTIV

PFLANZEN FÜR EIN NATÜRLICHES GARTENLEBEN

Sie möchten Ihren Garten fit für die Zukunft machen? Dann setzen Sie den Schwerpunkt auf heimische Arten, denn Sie wissen ja: Jede Blüte zählt! Die Tierwelt wird dann nicht lange auf sich warten lassen.

Ganz gleich, ob Sie Ihren Garten neu anlegen oder Schritt für Schritt zu einem Garten der Zukunft machen möchten: Die richtige Pflanzenwahl ist das A und O. Mit ihr stellen Sie die Weichen, um Ihren Garten – oder zumindest einen Teil davon – an das große Netzwerk der Natur anzuschließen. Mit ihr öffnen Sie die Pforten für die heimischen Lebewesen und laden Wildbiene, Schmetterling und Co. dauerhaft in Ihren Garten ein. Und mit ihr schaffen Sie einen Garten, der deutlich weniger Pflege braucht als Zierrasen und Prachtstauden. Sie können Gartenschere und Rasenmäher öfter mal beiseitelegen und haben Zeit, Ihren Garten bei einem regelmäßigen Rundgang zu genießen und das Miteinander von Pflanzen und Tieren kennenzulernen.

VIELFALT WEIST DEN WEG

Je größer die Vielfalt an Wildstauden und Sommerblumen, an Bäumen und Büschen, an Gemüse, Obst und Kräutern ist, umso mehr verschiedenen heimischen Wildtieren bieten Sie grün-bunte Lebensräume sowie Nahrung, Verstecke, Brut- und Nistplätze. Dabei sollten Sie nicht nur an Blumenwiesen, Beete und Rabatten denken, sondern auch an die Vertikale: Wenn Sie auch Wände und Dächer, Klettergerüste und Pergolen, Mauern und Mauerritzen bepflanzen, steigt die Fläche der kostbaren Naturlebensräume um ein Vielfaches an. Nektar- und pollenreiche Wildstauden und Sommerblumen, wertvolle Futterpflanzen für Schmetterlingsraupen und Früchte tragende Wildsträucher verwandeln den Garten in ein lebendiges und erholsames Paradies für Mensch und Tier. Wählen Sie den Mix aus attraktiven Wildstauden, Sommer- und Zwiebelblumen so aus, dass möglichst vom zeitigen Frühjahr bis spät in den Herbst hinein immer etwas blüht.

Wenn Sie unbedingt einen Rasen brauchen, dann halten Sie seine Fläche so klein wie möglich. Wandeln Sie den Rest in einen Wildblumenrasen um. Flächen, die Sie kaum betreten, können Sie in eine üppige Wildblumenwiese verwandeln – ein Eldorado für Insekten und Spinnen und alle, die von ihnen leben wie Vögel, Reptilien und Amphibien. Heimische Wildsträucher und Bäume geben Ihrem Garten nicht nur Struktur, sondern sind wesentliche Elemente im Naturnetzwerk. Sie spenden das ganze Jahr über zahlreichen Lebewesen ein Zuhause, Schutz und Nahrung und dürfen deshalb in keinem Garten fehlen. Selbst für kleine Gärten oder den Vorgarten finden Sie mittlerweile passende Bäume oder auch Klettergehölze.

Auch den Gemüsegarten können Sie fit für die Zukunft machen: Mit robusten regionalen Sorten sowie einer cleveren Mischkultur und Fruchtfolge.

Eines noch vorab: Wundern Sie sich nicht, wenn auf den folgenden Seiten vor allem beliebte Gartentiere wie Vögel, Schmetterlinge und Bienen angesprochen werden. Sie dienen als Beispiele für das komplexe Zusammenspiel der Arten und sind die Stellvertreter für alle anderen Tiergruppen von Spinnen bis Amphibien, die im Netzwerk Natur natürlich genauso wichtig sind.

WILDBLUMENRASEN UND WILDBLUMENWIESEN

Ein duftender Blumenrasen oder eine bunte Blumenwiese, über der zahlreiche Insekten summen, sind der Inbegriff von Natur. Doch solche Wiesen sind selten geworden – höchste Zeit, sie in den Garten zu holen.

Auf Blumenrasen oder -wiesen bekommen viele Wildpflanzen wieder einen Platz im Garten und Sie die Chance, ihre schlichte Schönheit wiederzuentdecken. Gleichzeitig leisten Sie einen Beitrag zur Biodiversität und dem Erhalt der Arten und genießen als Gärtner einen großen Vorteil: Die heimischen Wildpflanzen, die auf diesen Standorten gedeihen, sind robust und pflegeleicht.
Doch auf Wiesen wachsen mitnichten überall dieselben Pflanzen. Schon allein der Nährstoffgehalt des Bodens macht einen großen Unterschied, denn auf nährstoffreichen, fetten Böden gedeihen andere Gräser, Blumen und Kräuter als auf nährstoffarmen, mageren Wiesen, auf sonnigen, trockenen Standorten andere als auf schattig-feuchten. Auch die Lage in Ebenen und Tälern oder Höhen der Mittelgebirge hat einen Einfluss auf die jeweilige Wiesengesellschaft. So gibt es bei uns viele verschiedene Wiesentypen. Die artenreichsten Wiesen findet man auf mageren Böden, die nicht gedüngt und nur extensiv genutzt werden.

Widderchen sind heute selten: Sie überwintern als Puppe an Grashalmen – und werden meist weggemäht.

WELCHER RASEN, WELCHE WIESE?

Überlegen Sie zunächst, wie Sie die Fläche nutzen: Brauchen Sie eine Spielfläche für die Kinder oder überqueren Sie die Fläche nur selten? Wenn Sie die Fläche häufig betreten, empfiehlt sich ein Wildblumenrasen: Blumenrasen-Samenmischungen aus dem Handel enthalten neben verschiedenen Gräsern 20 oder 40 % Saatgut von Wildkräutern wie Ehrenpreis, Gänseblümchen, Kriechender Günsel, Hornklee und Gewöhnlicher Thymian, denen häufiges Mähen wenig ausmacht. Von Mitte Mai bis zum Herbst mähen Sie einen Blumenrasen vier- bis achtmal jeweils auf 4–5 cm herunter. Das Mähgut bleibt ein paar Tage liegen, bis es trocken ist und die Samen ausgefallen sind. Dann kommt es auf den Kompost oder dient als Mulch. Düngen ist nicht nötig. Mit Blumenzwiebeln von Krokus, Schneeglöckchen oder Blaustern können Sie den Blumenrasen im Frühjahr ökologisch aufwerten.
Eine Blumenwiese eignet sich für alle Flächen, die Sie nicht betreten müssen, etwa vor Gehölzen oder als Insel im Blumenrasen. Die diversen Saatgutmischungen bestehen meist zur Hälfte aus Gras- und

Blumenwiesen sind dynamische Lebensräume: Die Zusammensetzung ihrer Arten verändert sich jedes Jahr ganz natürlich.

Wildblumensamen. Sie bringen Insektenmagneten wie Bocksbart, Flockenblumen, Glockenblumen, Hornklee, Lichtnelken, Margerite, Salbei, Schafgarbe, Witwenblume und viele mehr in den Garten. Auch regionale Mischungen – etwa für das Norddeutsche Tiefland oder für Süd- und Mitteldeutschland wie den »Mössinger Sommer« gibt es. Die Blumenwiese wird nur zwei- bis dreimal im Jahr gemäht, das Mähgut ebenfalls erst nach dem Trocknen abgeräumt. Noch insektenfreundlicher ist es, wenn Sie bei einem Termin jeweils nur die Hälfte der Fläche mähen und eine Woche später die andere. Oder Sie mähen gar nicht unterm Jahr, sondern räumen nach dem Vorbild der Natur nur einmal im Spätwinter die Fläche ab. Gedüngt wird nicht, denn ein hoher Nährstoffgehalt fördert die Vergrasung. Sehr nährstoffreiche Böden können Sie nach dem Abräumen mit Sand abmagern.

FÜR SPEZIALISTEN

Noch trittfester und robuster als der Blumenrasen ist der Schotterrasen. Er eignet sich für stark beanspruchte Flächen und kann beispielsweise zwischen Rasengittersteine oder auf trockene, magere Schotter- und Kiesuntergründe von Wegen, Einfahrten und Parkplätzen gesät werden. Entsprechende Saatgutmischungen gibt es im Handel. Mit einem solchen Schotterrasen werten Sie diese Flächen nicht nur optisch auf, sondern erhöhen die Filterwirkung des Bodens. Bei Bedarf mähen Sie diesen Rasen und räumen das Mähgut ab.

Nicht begehbar sind Mager- und Sandrasen auf mageren, trockenen Flächen und die für feuchte Standorte geeignete Feuchtwiese. Sand- und Magerwiesen mäht man nur einmal im Jahr im ausgehenden Winter, das Mähgut bleibt vor dem Abräumen zum Aussamen ein paar Tage liegen.

RASEN UND WIESE VERÄNDERN SICH

Auf Blumenrasen und Blumenwiesen wachsen in der Regel Wildarten, die blühen und nach dem Bestäuben durch Wind oder Insekten Samen bilden. Zur Samenreife vertrocknen die Pflanzen und samen sich selbst aus, verjüngen sich und füllen Lücken. Dadurch verändern sich Blumenrasen und Blumenwiese von Jahr zu Jahr, denn je nach Bodentyp und Standort verschwinden manche Arten und andere nehmen zu. Wenn Sie dies beobachten, erfahren Sie viel über die ökologischen Bedingungen im Garten.

BLUMENWIESE ODER -RASEN ANLEGEN

Wählen Sie unbedingt eine zur Nutzung und zum Standort passende Samenmischung. Der beste Aussaattermin liegt im Frühjahr zwischen Februar

WIESENTYPEN FÜR VERSCHIEDENE GÄRTEN

WIESENTYP	TYPISCHE WILDBLUMEN	GRÄSER
Glatthafer-Talwiese (früher häufig in Tälern und Ebene, heute selten geworden, Fettwiese auf frischem, nährstoffreichem Boden)	Wiesen-Bärenklau, Wiesen-Bocksbart, Wiesen-Flockenblume, Wiesen-Glockenblume, Kriechender Hahnenfuß, Scharfer Hahnenfuß, Wiesen-Klee, Wiesen-Kümmel, Wiesen-Labkraut, Rote Lichtnelke, Herbst-Löwenzahn, Magerwiesen-Margerite, Pastinake, Wiesen-Pippau, Wiesen-Storchschnabel	Glatthafer, Wolliges Honiggras, Rispengras
Salbei-Glatthaferwiese (trockener, magerer, eher kalkreicher Boden, typisch für Hanglagen)	Wiesen-Bocksbart, Skabiosen-Flockenblume, Knäuel-Glockenblume, Knolliger Hahnenfuß, Klappertopf, Magerwiesen-Margerite, Kartäuser-Nelke, Wiesen-Salbei, Schafgarbe, Knöllchen-Steinbrech	Glatthafer, Horst-Rotschwingel, Trespe, Wiesen-Schwingel
Kohldistelwiese (auf frischem bis feuchtem Boden höherer Lagen)	Wiesen-Knöterich, Kohl-Kratzdistel, Kuckucks-Lichtnelke, Mädesüß, Wiesen-Pippau, Wiesenknopf	Wiesen-Fuchsschwanz
Goldhafer-Bergwiese (frischer, nährstoffreicher Boden der Mittelgebirge)	Augentrost, Große Bibernelle, Frauenmantel, Berg-Klee, Weichhaariger Pippau, Berg-Platterbse, Wald-Storchschnabel, Teufelskralle	Goldhafer, Wiesenschwingen, -rispe, Knäuelgras
Wiesenschaumkraut-Fuchsschwanzwiese (typische Feuchtwiese auf nährstoffreichem, oft staunassem Boden der Auen)	Kriechender Hahnenfuß, Kohl-Kratzdistel, Wiesen-Schaumkraut	Wiesen-Fuchsschwanz
Sumpfdotterblumenwiese (Feuchtwiese auf frischem, nährstoffreichem Boden)	Sumpf-Dotterblume, Wiesen-Knöterich, Kuckucks-Lichtnelke, Bach-Nelkenwurz, Wiesen-Schaumkraut, Großer Wiesenknopf	

(der Boden muss frostfrei sein) und Mai, alternativ zwischen September und November.
Vor der Aussaat wird der Boden gut gelockert, sodass er feinkrümelig ist, unerwünschte Wildkräuter werden entfernt. In lehmige oder tonige Böden arbeiten Sie reichlich Sand ein. Den pH-Wert saurer Böden puffern Sie mit Gesteinsmehl ab. Eine Kompostschicht (1 cm) ist nur auf sandigen Böden nötig. Ebnen Sie die Fläche mit dem Rechen ein, mischen Sie das Saatgut mit der zehnfachen Menge Sand und streuen Sie es mit der Hand breitwürfig aus. Dazu gehen Sie in Schlangenlinien zweimal über die Fläche, einmal von vorne nach hinten, dann von rechts nach links.
Um keimen zu können, müssen die Samen dicht auf dem Boden aufliegen. Auf kleinen Flächen drücken Sie sie mit den Händen oder einem Brett an, auf größeren mit einer Walze. Danach und in den folgenden acht Wochen halten Sie den Boden stets feucht, und zwar mit Wasser aus einer feinen Düse, um die Samen nicht wegzuspülen.
Nach acht Wochen ist nicht nur die Saatgutmischung aufgegangen, sondern auch im Boden ruhende Samen. Unerwünschte Pflanzen entfernen Sie, sobald Sie diese als solche erkannt haben, spätestens aber wenn sie blühen und bevor sie Samen bilden. So sollten diese innerhalb von zwei Jahren von der Fläche verdrängt sein.

SO WIRD AUS EINEM RASEN EINE WILDBLUMENWIESE

Das brauchen Sie:

• Sand
• 8–12 Wildblumenpflanzen in 3–5 verschiedenen Arten pro Quadratmeter: wählen Sie dazu nur Pflanzen aus, deren Samen in der Saatgutmischung enthalten sind.
• Samenmischung für Blumenrasen, Blumenwiese oder Spezialfläche (Schotterrasen, Magerrasen, Feuchtwiese). Die Angaben über die Menge sowie den Aussaattermin finden Sie auf der Packung.

Blumenrasen und Blumenwiese sind im ersten Jahr noch sehr lückig und blühen erst ab dem zweiten Jahr attraktiv. Um diese Durststrecke zu mildern, können Sie vor der Aussäen auf der Fläche Wildblumen pflanzen. Platzieren Sie diese Pflanzen entsprechend der Wuchshöhe: Bei einer inselförmigen Blumenwiese kommen die höchsten Arten in die Mitte, bei einer am Rand liegenden Fläche nach hinten. Dann gruppieren Sie die niedrigeren Arten rundherum oder davor. Sie können die Pflanzen bunt mischen oder in Gruppen aus gleichen Arten zusammensetzen.

WILDBLUMENWIESE SCHRITT FÜR SCHRITT

1

Rasensoden 6 cm tief entfernen. Boden von Wurzeln befreien, lockern und dabei den Sand untermischen. So wird der Boden mager und durchlässig.

2

Wildstauden auf der Fläche verteilen, höhere nach hinten oder in die Mitte, niedrigere nach vorne oder rundherum. Je ein Pflanzloch graben und einsetzen.

3

Wildblumensamen in die Lücken zwischen den Wildstauden säen. Am besten mit Sand mischen, dann lassen sie sich gleichmäßiger aussäen.

4

Samen-Sand-Mischung mit der Hand oder einem Brett andrücken. Nicht in den Boden einarbeiten. Gut angießen, in den nächsten acht Wochen feucht halten.

BLÜTENVIELFALT MIT STAUDEN UND SOMMERBLUMEN

Von der Akelei bis zum Ziest, vom Beinwell bis zum Krokus: die Palette der Wildblumen ist groß, ihr Wert für die Tierwelt gewaltig. Und so bilden heimische Pflanzen zusammen mit Gartenstauden ein blühendes Netzwerk.

Blüten erfreuen uns mit ihren vielfältigen Formen und Farben, manche auch mit herrlichen Düften. Sie sind aber keine Spielerei der Natur, sondern haben für die Pflanzen eine ungemein wichtige Funktion, an die sie bestens angepasst sind: Sie sind Organe für die Vermehrung. Diese Funktion können Blüten aber nur erfüllen, wenn ihr Geschlechtsapparat vollständig ist – wenn die Blüte also aus Staubblättern und Fruchtblättern mit Narben besteht. Bei vielen der attraktiven Gartenblumen mit dichten, gefüllten Blüten fehlen diese Organe jedoch, sie wurden durch Züchtung in auffällige Blütenblätter verwandelt (→ Seite 54).

Wer einmal eine hoch aufragende Königskerze in der Natur gesehen hat, will sie gern auch im Garten haben.

Für die Tierwelt sind sie überwiegend nutzlos, da sie weder Nektar noch Pollen liefern, bestenfalls dienen sie als Zufluchtsort. Die Veränderung der Blüten durch Züchtung betrifft sowohl heimische Stauden als auch Arten, die aus anderen Regionen bei uns eingeführt wurden.
Wenn Sie bei einem Rundgang durch Ihren Garten die gefüllten Blüten von Schneeball, Rosen, Dahlien, Pfingstrosen und sogar Gänseblümchen aus dieser Perspektive betrachten, wächst in Ihnen vielleicht der Wunsch, sie gegen eine Sorte mit ungefüllten Blüten auszutauschen – natürlich nicht alle, aber vielleicht die eine oder andere.

WAS DIE BLÜTEN VERRATEN

Während in tropischen Regionen neben Insekten auch Fledermäuse und Vögel die Bestäubung übernehmen, ist dies bei uns in Mitteleuropa, neben dem Wind, allein Aufgabe von Insekten. Darum sind die Blüten der heimischen Pflanzen an die verschiedenen Insektengruppen angepasst. Meist verrät schon die Blütenform, für welche Bestäuber sie infrage kommen.

- Flache Blütenstände wie die von Dill, Schafgarbe oder Engelwurz locken zum Beispiel Käfer, Wespen und Schwebfliegen an.
- In glocken-, lippen-, rachen- oder röhrenförmigen Blüten wie die von Glockenblumen, Salbei oder Fingerhut können Bienen und Hummeln mit ihren langen Rüsseln Nektar saugen. Blüten, die wie Löwenmäulchen eine Unterlippe besitzen, bieten diesen Insekten eine gute Landeplatt-

form. Da Bienen und Hummeln kein Rot sehen können, sind Bienenblumen blau, gelb oder in Ultravioletttönen leuchtendes Weiß.

- Auf Blüten, bei denen der Nektar in tiefen Kelchen verborgen ist, wie bei Lichtnelken, Spornblumen oder Korbblütlern wie etwa dem Sonnenhut lassen sich gerne Schmetterlinge nieder. Da Schmetterlinge sehr gut alle Farben einschließlich UV sehen können, sind Schmetterlingsblüten kräftig gelb, blau oder rot gefärbt.

Übrigens: Blumen, die im Handel als Bienen- oder Schmetterlingsblumen gekennzeichnet sind, müssen nicht automatisch heimisch sein: Bienen und Schmetterlinge besuchen mehr oder weniger alle Blüten, die Pollen oder Nektar anbieten. Heimische Bienen- und Schmetterlingsblumen erfüllen darüber hinaus aber noch andere ökologische Aufgaben, beispielsweise als Futterpflanze für Schmetterlingsraupen – dies können nichtheimische Blumen nur in wenigen Ausnahmen leisten.

Offen sein für Einfaches

Zugegeben: Prachtstauden sind eine Augenweide! Je leuchtender, je üppiger, umso besser – das ist die Devise, wenn man in Gartencenter oder auf die Websites der Züchter schaut. Da braucht es seine Zeit, sich an die schlichte Schönheit ungefüllter Sorten oder gar Wildpflanzen zu gewöhnen. Eine gute »Therapie« zum Umgewöhnen sind sogenannte Ruderalflächen. Sie finden sie in Siedlungsnähe dort, wo der Boden brachliegt. Wunderschöne Pflanzen wie Königskerzen, Nachtkerzen, Natternkopf oder Wilde Möhre siedeln sich dort an. Nehmen Sie sich Zeit, sie zu bestaunen – wären sie nicht eine Zierde für Ihren Garten?

Beliebter Zuwanderer: Der Sonnenhut versorgt Schmetterlinge mit Nektar, ist jedoch keine Raupen-Futterpflanze.

BLUMEN UND INSEKTEN

Schmetterlinge gehören zu den beliebtesten Wildtieren. Doch sie sind rar geworden, heute leben bei uns zwei Drittel weniger Tagfalter als vor 30 Jahren. Höchste Zeit, ihnen wieder einen Lebensraum im Garten zu bieten. Während sich die ausgewachsenen Schmetterlinge von Nektar ernähren, sind fast alle Raupen Futterspezialisten: Sie fressen nur die Blätter einer Pflanze oder von wenigen Pflanzen. Eine der wenigen Ausnahmen sind die Raupen des Mittleren Weinschwärmers, die die Blätter von Springkräutern und Schmalblättrigem Weidenröschen fressen, im Garten sich aber gern von Fuchsienblättern ernähren.

Raupen-Futterpflanzen sind neben verschiedenen Wildsträuchern und heimischen Bäumen vor allem Wildgräser und Wildblumen. Sie waren einst an zahlreichen Standorten zu finden, sind heute jedoch vielerorts verschwunden. Das jahrmillionenalte Zusammenspiel von Schmetterling – Futterpflanzen – Raupen funktioniert oft nicht mehr. Die innigste Beziehung sind Blütenpflanzen jedoch mit den Bienen eingegangen. Blüten und Bienen haben sich seit dem Ende der Kreidezeit gemeinsam entwickelt. Ihre Körper und Funktionen sind eng aufeinander abgestimmt, ihr Vorkommen im Jahr synchronisiert: Dies zeigt sich

FUTTERPFLANZEN FÜR SCHMETTERLINGSRAUPEN

FUTTERPFLANZE	SCHMETTERLINGSARTEN
Kohldistel *Cirsium oleraceum*	Distelfalter, Schönbär, Gelber Fleckleibbär
Wilde Möhre *Daucus carota*	Englischer Bär, Schwalbenschwanz
Gemeines Labkraut *Galium album*	Taubenschwänzchen, Kleiner Weinschwärmer, Purpurbär
Kleines Habichtskraut *Hieracium pilosella*	Wegerich-Scheckenfalter, Wegerichbär
Gemeines Leinkraut *Linaria vulgaris*	Roter Scheckenfalter
Hornklee *Lotus corniculatus*	6 Widderchenarten, Tintenfleckweißling, Hauhechelbläuling
Steinklee *Melilotus officinalis*	Scheck-Tageule
Kleine Bibernelle *Pimpinella saxifraga*	Bibernellwidderchen, Schwalbenschwanz
Duftende Schlüsselblume *Primula veris*	Würfelfalter
Acker-Senf *Sinapis arvensis*	Aurorafalter, Grünaderweißling, Resedafalter
Raue Gänsedistel *Sonchus asper*	Lattichmönch
Löwenzahn *Taraxacum* sect. Ruderalia	Weißfleckwidderchen, Weißer Grasbär, Zimtbär, Purpurbär
Weiß-Klee *Trifolium repens*	Hauhechelbläuling
Brennnessel *Urtica dioica*	Admiral, Distelfalter, Tagpfauenauge, Kleiner Fuchs, C-Falter, Landkärtchen, Brauner Bär und ca. 30 weitere Nachtfalter
Acker-Stiefmütterchen *Viola arvensis*	Kleiner Perlmuttfalter

bei vielen Wildbienenarten, die sehr spezifisch die Blüten von nur einer oder wenigen Arten anfliegen – und diese blühen auch genau in dem Zeitraum, wenn die Bestäuber-Bienenart fliegt. Auch die enge Beziehung von Blüten und Honigbiene zeigt die lange gemeinsame Entwicklung. Insekten, Vögel und andere heimische Wildtiere haben seit jeher in der hiesigen Flora ihre Nahrung gefunden: Lassen Sie deshalb so viel wie möglich von der heimischen Flora, die sich als Unkraut oder Wildkraut zeigt, im Garten stehen.

FARBENFROHE SOMMERBLUMEN

Sie sind die Shootingstars in Ihrem Garten: Ein- und zweijährige Sommerblumen bringen rasch Farbe in Beete und Rabatte. Einjährige Sommerblumen wie Kornblume, Edelwicke, Mohn, Borretsch oder Schmuckkörbchen sind die flexibelsten Pflanzenpartner: Im Frühjahr ausgesät kommen sie schon wenig später zur Blüte, sie bilden den Samen und sind im auslaufenden Herbst schon wieder verschwunden. Zweijährigen Sommerblumen wie Wilde Karde, Nachtkerze, Natternkopf oder Hornklee benötigen für diese Entwicklung zwei Jahre, sie bilden im ersten Jahr nur Blätter und blühen im zweiten.
Sommerblumen geben Ihrem Garten Jahr für Jahr ein neues Gesicht. Sie passen überall hin, wo Sie Farbtupfer wünschen, sind Lückenfüller in Staudenbeeten, passen perfekt in bunte Pflanzungen vor Sträuchern und Immergrünen, sind Nachfolger von frühlingsblühenden Zwiebelblumen oder bilden einladende Blütentuffe im Vorgarten. Kletternde Arten bieten sich als perfekte Sichtschutzpflanzen an, die Zäune, Balkongeländer, Spaliere und Rankgerüste in Windeseile erklimmen und ungewollte Ein- und Ansichten verhindern.
Sommerblumen sind nicht mehrjährig. Damit es immer blüht, müssen Sie sie jedes Jahr erneut aussäen oder sich selbst aussamen lassen. Der Garten-

Mit seinem langen Rüssel saugt der Dickkopffalter Nektar aus den Röhrenblüten dieser Aster.

handel bietet eine breite Palette mit Tütchen mit diversen Samenmischungen von heimischen Wildblumen für Insekten, Schmetterlinge oder Bienen. Beachten Sie bei der Aussaat die Angaben auf der Verpackung.

STAUDEN – LEBENDIGE VIELFALT

Die heimische Pflanzenwelt bietet eine enorme Fülle an attraktiven Stauden, die vom bescheidenen Lein bis zum grandiosen Mädesüß reichen. Stauden sind verlässliche Partner bei der Gestaltung des Gartens. Als mehrjährige Pflanzen treiben sie jedes Jahr aus dem überdauernden Wurzelstock neu aus, denn in Herbst und Winter sterben die oberirdischen Pflanzenteile ab. Stauden sind so unterschiedlich, dass Sie für jeden Zweck und jeden Standort im Garten die passenden finden. Manche bleiben niedrig und sind hervorragende Bodendecker, andere bilden meterhohe Blütenkerzen aus und wirken als imposante Solitäre. Manche bevorzugen feuchte oder nährstoffreiche Plätze, andere kargen, steinigen Boden. Manche gedeihen nur in der vollen Sonne, andere sind Schattenkinder oder kommen mit sonnigen bis halbschattigen Bedingungen klar. Manche wirken durch ihr attraktives Blattwerk, andere durch ein Feuerwerk an Farben.

Um das natürliche Netzwerk zu fördern, geben Sie in Ihrem Garten heimischen Wildstauden den Vorzug. Das bedeutet nun nicht, dass Sie alle exotischen oder hochgezüchteten Prachtstauden gänzlich aus Ihrem Garten verbannen müssen – und auch auf Ihre Lieblingsblumen müssen Sie nicht verzichten, auch wenn dies Dahlien mit gefüllten Blüten sind. Aber vielleicht setzen Sie den Schwerpunkt beim Kauf neuer Pflanzen auf heimische Wildstauden. Viele stehen den prächtigen Gartenstauden in puncto Schönheit in nichts nach, und wenn sie manchmal auch schüchterner wirken als ihre stolzen Verwandten, so machen sie dies beispielsweise mit ihrer Aufgabe als Futterpflanzen für Raupen und Insekten locker wett. Das zarte Wiesen-Schaumkraut etwa ist für die Raupen des Aurorafalters lebenswichtig und eine eher unauffällige Pflanze wie der Gemeine Beifuß dient sage und schreibe 180 Insektenarten als Nahrung.

Woll-Ziest liefert Nektar und seine Härchen sind wichtiges Baumaterial für die Brutzellen von Wildbienen.

Präriebeete sind beliebt – hier mit Königskerze, Goldrute, Sonnenbraut, Eisenhut und verschiedenen Gräsern. Lässt man die Stauden den Winter über stehen, finden hier zahlreiche Insekten und andere Kleintiere Unterschlupf.

DIE RICHTIGEN STAUDEN WÄHLEN

Neben dem Aussehen, der Wuchshöhe und -breite, der Blütenfarbe und der Blütezeit, ihrem Ausbreitungsdrang (Ausläufer, Selbstaussaat) sind das wichtigste Kriterium für die Wahl der passenden Wildstauden die Standortbedingungen in Ihrem Garten. Diese können an verschiedenen Plätzen unterschiedlich sein. So müssen Sie für das vollsonnige Blumenbeet rund um die Terrasse andere Pflanzen wählen als für die Unterpflanzung von Gehölzen. Für sonnige und eher schattige Plätze finden Sie in den Tabellen auf den Seiten 101 und 103 eine kleine Auswahl schöner Wildstauden.

Willkommen, Unkraut!

Prüfen Sie, bevor Sie jäten, was Sie da aus der Erde rupfen. Oft kann man schon im frisch gekeimten oder ausgetriebenen Stadium erkennen, welche Pflanze das Licht der Welt erblickt hat (→ Seite 152, Literatur). Oder Sie bestimmen ein paar Wochen später an den Blättern und Blüten die Art. Beobachten Sie, wer die Blüten besucht oder sich von den Blättern oder Samen ernährt. So erweitern Sie Ihr Wissen und die Toleranz gegenüber den heimischen Wildkräutern nimmt zu.

STAUDEN FÜR MAUERN UND DÄCHER

In Fugen von Trockenmauern und Treppen oder in nach Süden ausgerichteten Balkonkästen herrschen ganz besondere Lebensbedingungen. Die Pflanzen sind ungeschützt der Witterung ausgesetzt, müssen Sonnenschein und Trockenheit, aber auch manchen Winden trotzen. Dafür eignen sich Stauden wie Alpen-Aster *(Aster alpinus)*, Mauerkissen *(Aubrieta deltoidea)*, Steinquendel *(Calamintha nepeta)*, Dalmatiner Glockenblume *(Campanula portenschlagiana)*, Herbst-Alpenveilchen *(Cyclamen hederifolium)*, Heide-Nelken *(Dianthus deltoides)*, Ysop *(Hyssopus officinalis)*, Katzenminze (*Nepeta × faassenii*), Berg-Bohnenkraut *(Satureja montana)*, Weißer Mauerpfeffer *(Sedum album)*, Feld-Thymian *(Thymus pulegioides)* und Sand-Thymian *(Thymus serpyllum)*.
Legen Sie beim Bau die Pflanzen mit ihrem Ballen gleich in die entsprechenden Mauerlücken, sodass Sie hinter der Mauer Kontakt mit dem Erdreich haben. Pflanzen mit kleinem Ballen können Sie auch noch nachträglich in die Ritzen setzen.

GARTENBLUMEN FÜR SONNIGE STANDORTE

DEUTSCHER / BOTANISCHER NAME	BLÜTEZEIT -FARBE	STANDORT	HÖHE (CM)	WICHTIG FÜR
Gemeine Schafgarbe *Achillea millefolium*	Juni–Okt. weiß, rosa	☼	60	diverse Tagfalter, Wildbienen, Grab- und Goldwespen, viele Käferarten, Kleinsäuger
Färber-Hundskamille *Anthemis tinctoria*	Juli–Sept. gelb	☼	40	Wildbienen, Raupen verschiedener Falter, Goldammer, Hänfling u. a. Vögel (Früchte)
Aster *Aster novae-angliae, A. novi-belgii*	Aug.-Nov. blauviolett, lila	☼	180	Wild- und Honigbienen, Hummeln, Wespen, Schwebfliegen u. a. bestäubende Insekten
Glockenblume *Campanula glomerata, C. latifolia*	Juni–Sept., rosa, blau, weiß	☼	80	Wildbienen und Hummeln, Futterpflanze für verschiedene Raupen
Bart-Nelke *Dianthus barbatus*	Juni–Aug. weiß, rosa, rot	☼	30	über 30 verschiedene Schmetterlinge als Nektarpflanze
Roter Sonnenhut *Echinacea purpurea*	Juli–Sept., gelb, purpurrot	☼	80	Bienen, Hummeln, Schmetterlinge, Schwebfliegen, Herbstnahrung für Tagpfauenauge
Gewöhnlicher Wasserdost *Eupatorium cannabinum*	Juli–Okt. dunkelrosa	☼	200	Honig- und Wildbienen, Tagfalter und Schwebfliegen
Blutroter Storchschnabel *Geranium sanguineum*	Juli–Sept. rot	☼	40	Bienen, Hummeln, Schmetterlinge, Raupen von Storchschnabelbläuling u. a.
Orangerot. Habichtskraut *Hieracium aurantiacum*	Mai–Juli orange	☼	20	Wildbienen, Hummeln, Schweb- u. a. Fliegen, Käfer, Tagfalter, Vögel
Echtes Johanniskraut *Hypericum perforatum*	Juni–Aug. gelb	☼	40	Honigbiene, Wildbienen und Hummeln, Käfer, Schwebfliegen, Raupen von Nachtfaltern
Echter Alant *Inula helenium*	Juni–Juli gelb	☼ ◐	150	Tagpfauenauge, Kleiner Fuchs, Kaisermantel, Honigbienen, Schwebfliegen u. a. Insekten
Deutsche Schwertlilie *Iris × germanica*	Mai–Juni violettblau	☼	60	Hummeln und andere Wildbienen, auch für Schwebfliegen und Käfer als Nektarquelle
Punktierter Gilbweiderich *Lysimachia punctata*	Juni–Juli gelb	☼ ◐	60	Bienen, Hummeln, zwei Schenkelbienen, Schwebfliegen, Raupen von Nachtfaltern
Blutweiderich *Lythrum salicaria*	Juni–Sept. purpurrot	☼	70	Blattschneider-, Sägehorn-, Langhornbiene, Hummeln, Schmetterlinge, Nachtfalterraupen
Garten-Pfingstrose *Paeonia officinalis*	Mai purpurrot	☼	50	Honig- und Wildbienen, Hummeln, Schwebfliegen, Käfer. Gilt nur für ungefüllte Blüten!
Hohes Fettblatt *Sedum telephium*	Aug.-Sept. rot	☼	70	Honig-, Wildbienen, Hummeln, Wespen (Herbstnahrung für junge Königinnen)
Ziest *Stachys byzantina, S. germanica*	Juli–Aug. rosa, zartviolett	☼	40	Wild- und Honigbienen, zarte Behaarung wichtiges Material für Brutzellen

Die Akelei ist eine Schönheit für den Schatten. Schneeglöckchen und andere Zwiebelblumen liefern im Frühjahr die erste Nahrung für Bienen & Co.

WILDSTAUDEN FÜR FEUCHTE PLÄTZE

Am Ufer des Gartenteichs als auch im schattigen Saum unter Gehölzen ist der Boden frisch. Dort fühlen sich neben den in der Tabelle genannten Arten auch Pracht-Nelken *(Dianthus superbus)*, Bachnelkenwurz *(Geum rivale)*, Kuckucks-Lichtnelke *(Silene flos-cuculi)*, Großer Wiesenknopf *(Sanguisorba officinalis)* und Sumpf-Teufelsabbiss (*Succisa pratensis* var. *palustris*) wohl.

ZWIEBEL- UND KNOLLENBLUMEN

Da Zwiebel- und Knollenblumen Nährstoffe in ihren unterirdischen Organen speichern, können sie schon im zeitigen Frühjahr durchstarten – dann liefern Schneeglöckchen, Krokus, Frühlings-Knotenblume (Märzenbecher) und andere Frühblüher den ersten an warmen Tagen fliegenden Insekten überlebenswichtige Pollen- und Nektarnahrung. Am eindrucksvollsten kommen Zwiebelblumen zur Geltung, wenn Sie sie in größeren Gruppen pflanzen – mindestens 20 Zwiebeln, auf großen Flächen auch 50 und mehr derselben Art.
In Gebieten mit Weinbergklima bilden Wildtulpen *(Tulipa sylvestris)* und Weinbergs-Traubenhyazinthen *(Muscari racemosum)* ein hübsches Frühlingsbeet. Dazu passen Doldiger Milchstern *(Ornithogalum umbellatum)*, Deutsche Schwertlilie *(Iris × germanica)* und verschiedene Zierlaucharten *(Allium oleraceum, A. rotundum, A. vineale)*. Manche Zwiebelblumen wie Blaustern, Krokusse, Märzenbecher, Schneeglöckchen, Traubenhyazinthe, kleine Wildtulpen und Winterlinge neigen dazu, an zusagenden Standorten, etwa auf Rasenflächen, zu verwildern. Jahr für Jahr breiten sie sich mehr aus, zur Freude von Mensch und Tier. Sommerblühende Zwiebel- und Knollenblumen setzen die Farbakzente bis in den ausgehenden Herbst hinein fort. Lilien und Zierlaucharten, beide winterhart und pflegeleicht, überraschen durch ihre Vielfalt in Blumenbeeten, Rabatten und sogar im bäuerlichen Gemüsegarten. Während Lilien wie die Türkenbundlilie eher schattige Plätze am Saum von Bäumen und Sträuchern bevorzugen, will Zierlauch lieber in der vollen Sonne stehen.

GARTENBLUMEN FÜR HALBSCHATTIGE STANDORTE

DEUTSCHER / BOTANISCHER NAME	BLÜTEZEIT -FARBE	STANDORT	HÖHE (CM)	WICHTIG FÜR
Engelwurz *Angelica archangelica*	Juni grün	◐	200	ca. 20 Schwebfliegenarten, Tagfalter, Raupen vom Schwalbenschwanz, Vögel
Gemeine Akelei *Aquilegia vulgaris*	Mai–Juni, rosa, weiß, violettblau	☀ ◐	50	vorzügliche Nektarquelle für Hummeln
Wald-Geißbart *Aruncus dioicus*	Juni–Juli weiß	◐	120	Käfer, Schwebfliegen u. a. Insekten, Raupen, Alternative für Astilben, Prachtspieren
Große Sterndolde *Astrantia major*	Juni–Aug. weißlich, rötlich	☀ ◐	60	Honig- und Wildbienen, Hummeln, Schwebfliegen, Pollenquelle für Käfer
Pfirsichblättrige Glockenblume *Campanula persicifolia*	Juli–Aug. weiß, violett, blau	☀ ◐	80	Wildbienen und Hummeln als Nahrung und Schutz, Futterpflanze für verschiedene Raupen
Roter Fingerhut *Digitalis purpurea* (zweijährig!)	Juni–Juli purpurrot	☀ ◐	130	vor allem für Hummeln und Wildbienen
Christrose *Helleborus niger*	Feb.–April weiß	◐	20	Honigbienen, junge Hummelköniginnen u. a. früh fliegende Insekten, Ameisen
Frühlings-Platterbse *Lathyrus vernus*	April–Mai rotviolett	◐	30	verschiedene Wildbienen und Hummeln, Honigbiene als Nektarquelle
Echtes Herzgespann *Leonurus cardiaca*	Juni–Sept. hellpurpur	☀ ◐	100	Honig- und Wildbienen, Hummeln, auch Schwebfliegen
Silberblatt, Mondviole *Lunaria rediviva*	Mai–Juni hellviolett	◐ ●	120	Nachtfalter
Vielblütiges Salomonssiegel *Polygonatum multiflorum*	Mai–Juni weiß	◐ ●	60	Honig- und Wildbienen, Hummeln, Fliegen u. a. Insekten
Großblütige Braunelle *Prunella grandiflora*	Juli–Aug. purpurviolett	☀ ◐	20	Honig- und Wildbienen, verschiedene Schmetterlinge
Geflecktes Lungenkraut *Pulmonaria officinalis*	April–Mai rosa	◐	30	Honig- und Wildbienen, Hummeln u. a. bestäubende Insekten
Akeleiblättrige Wiesenraute *Thalictrum aquilegiifolium*	Mai–Juni weiß, lila	☀ ◐	80	verschiedene Bienen, Schwebfliegen und Käfer als Pollenquelle, Nachtfalterraupen
Arznei-Baldrian *Valeriana officinalis*	Juni–Juli hellrosa	☀ ◐	120	Furchen-, Honig- und Sandbienen, Tanzfliegen, Schmetterlinge, Raupen vom Baldrian-Scheckenfalter, Nachtfalterraupen

WILDSTRÄUCHER SORGEN FÜR STRUKTUR UND LEBEN

Sträucher geben dem Garten Struktur und Fülle. Für Meisen, Rotkehlchen, Finken und Co. sind sie Zuhause, Futterstation und Rettungsinsel in einem. Locken Sie also mit Wildsträuchern Vögel in Ihren Garten!

Wenn Vögel etwas zu sagen hätten, würden sie auf heimische Wildsträucher setzen. In ihren Zweigen finden sie vielerlei Nahrung: Vögel sammeln im Geäst und auf den Blättern Insekten und andere Kleintiere als Futter für sich und zur Brutzeit vor allem für ihre Küken. Finken, Grasmücken, Dompfaff und Drosseln stehen mehr auf pflanzliche Nahrung: Sie fressen an Sträuchern Knospen, Blüten, Früchte und Samen. Frei brütende Vögel wie Finken oder Grasmücken bauen im dichten Gebüsch gern ihr Nest, den besten Schutz bieten stachelige und dornige Büsche wie Weißdorn, Wildrosen oder Schlehen.

Dank spitzer Dornen gilt Schlehe, einer der ersten Blühsträucher im Jahr, als wichtiges Vogelschutzgehölz.

VIELFÄLTIGE STRÄUCHER FÜR JEDEN GARTEN

Da Sträucher anders als Bäume keinen Hauptstamm besitzen, bleiben sie viel niedriger und brauchen nicht so viel Raum. Darum finden Sträucher selbst in kleinen Gärten oder im Vorgarten Platz – allerdings muss man auch hier immer die gesetzlich vorgeschriebenen Grenzabstände zum Nachbargrundstück beachten.

Sträucher erfreuen nicht nur Vögel und Insekten, sondern sind wichtige Gestaltungselemente im Garten. Sie bilden das Gerüst des Gartens, dienen als beruhigend grüner Hintergrund für bunte Staudenrabatten und Gemüsebeete. Mit Sträuchern können Sie Gartenräume gestalten, den Garten vor fremden Blicken schützen, einen Windschutz an Sitzplätzen schaffen, Kompostplätze kaschieren, grüne Grenzen zu Nachbargrundstücken und zur Straße ziehen und in heißen Sommerperioden Gemüsebeeten Schatten und Schutz vor Platzregen spenden.

Das heimische Pfaffenhütchen wird auch Rotkehlchenbrot genannt, weil diese beliebten Singvögel die orangenen Samen fressen. Für uns Menschen sind diese jedoch giftig!

Beim Kauf hat man oft die Qual der Wahl. Kriterien bei der Auswahl sind meist die Wuchshöhe, ob ein Strauch schnittverträglich ist oder nicht sowie Blüten- und Blattfarbe sowie Fruchtschmuck. Leichter wird die Wahl, wenn man Exoten sowie stark gezüchtete Hybriden konsequent ausschließt.

Sträucher-Inventur

Machen Sie einen kleinen Streifzug durch Ihren Garten und sichten Sie Ihre Sträucher. Kennen Sie jede Art und wissen Sie, woher sie stammt? Wenn nicht, schlagen Sie in einem Garten- oder Bestimmungsbuch nach. Welche Sträucher sind von Leben erfüllt? Ein Hinweis darauf sind z. B. Fraßstellen an Blättern. Fehlen heimische Wildsträucher? Vielleicht finden Sie noch Platz vor einer kahlen Wand oder am Kompostplatz für einen Strauch, den Vögel mögen. Oder Sie ersetzen zum Beispiel einen Kirschlorbeer durch ein ökologisch wertvolles Gehölz.

Dabei hilft oft ein Blick auf den botanischen Pflanzennamen (→ Seite 54). Denn die meisten der exotischen oder hochgezüchteten Sträucher sind Fremdkörper in den heimischen Netzwerken. Sie dienen höchstens Vögeln als Singplatz. Reges Insektenleben wie Raupen, die die Blätterkost für ihre Entwicklung zum Schmetterling nutzen, oder Blütenbesucher findet man nicht.
Natürlich spricht nichts dagegen, wenn Sie in Ihrem Garten auch ein paar Ihrer Lieblingssträucher setzen – vielleicht einen asiatischen Blüten-Hartriegel *(Cornus kousa)* als Solitär oder üppige Hortensien *(Hydrangea)* mit kohlkopfgroßen Blütenbällen in Blau, Rosa und Weiß. Aber muss es eine Thujahecke oder Kirschlorbeergruppe sein? Laut NABU sind sie für die Natur wertloser als eine Betonmauer. Halten Sie also Maß und räumen Sie heimischen Wildsträuchern reichlich Platz in Ihrem Garten ein – sie sind nicht nur schön, sondern spenden vielen Tieren auch Leben.

DIE SCHÖNSTEN VOGELSTRÄUCHER

Blühende Stars unter den heimischen Wildsträuchern sind Gemeine Felsenbirne *(Amelanchier ovalis)*, Weißdorn *(Crataegus)*, Rote Heckenkirsche *(Lonicera xylosteum)*, Hunds-Rose *(Rosa canina)*, Vogel- und Traubenkirsche *(Prunus avium, Prunus padus)* sowie Gemeiner und Wolliger

In heimischen Höhenlagen gefährdet, gedeiht die zierliche Bereifte Rose im Garten an sonnigen, steinigen Plätzen.

Schneeball *(Viburnum opulus, Viburnum lantana)*. Sie fallen durch wunderschöne Blüten auf, locken Unmengen Insekten an und bieten im Herbst den Vögeln leckere Fruchtkost. Zudem gedeihen sie so gut wie an jedem Gartenplatz. Der Rote Hartriegel *(Cornus sanguinea)* zeigt im Herbst eine prächtige Färbung, zeitgleich leuchten die knallfarben orange-rosa Früchte des Pfaffenhütchens *(Euonymus europaeus)*. Es blüht im Mai eher unscheinbar, lockt aber viele Insekten an. Kreuzdorn *(Rhamnus cathartica)* und Faulbaum *(Rhamnus frangula)* sind eher unauffällige Gehölze, die Sie gut zwischen die prächtigen Blütensträucher setzen können. Nicht nur Vögel lieben beide, sondern auch die Raupen des Zitronenfalters. Der Schwarze Holunder *(Sambucus nigra)* mit duftenden Blütenschirmen und schwarzen Früchten darf im Garten nicht fehlen: Allein 62 verschiedene Vogelarten ernähren sich von den Früchten. Schon unsere Vorfahren pflanzten ihn um ihre Häuser, schließlich schmecken auch uns die gekochten Beeren. Schließlich gehört noch ein Nadelgehölz in den Garten – eines reicht aber völlig –, in dem früh brütende Vögel wie Grünfinken im zeitigen Frühjahr einen geschützten Brutplatz finden. Wie wäre es mit einem Wacholder *(Juniperus communis)*? Und wenn Sie über viel Platz bzw. Ausdauer beim regelmäßigen Zähmen durch Rückschnitt verfügen, können Sie zu guter Letzt eine Echte Brombeere in Ihren Garten pflanzen: Sie zählt zu den wertvollsten Sträuchern für Vögel und Insekten.

Klein, aber oho

Die Besenheide *(Calluna vulgaris)* setzt als Bodendecker in Heide- und Steingarten Herbstakzente und bleibt auch den Winter über dekorativ. Ihr ökologischer Wert ist groß: Diverse Schmetterlinge (Widderchen, Bläulinge, Brombeerzipfelfalter, Eulen, Spinner) ernähren sich von den Blättern, die nektar- und pollenreichen Blüten werden von Bienen (auch Honigbiene, liefert Heidehonig!), Hummeln und Schmetterlingen besucht und viele Insekten finden im dichten, immergrünen Geäst rund ums Jahr Verstecke.

WILDSTRÄUCHER-HECKEN

Die Natur macht es vor: Dort sind Pfaffenhütchen, Hartriegel, Haselnuss, Weißdorn, Traubenkirsche, Schwarzer Holunder, Gewöhnlicher Schneeball, Weiden und Himbeeren miteinander vergesellschaftet. Folglich sind sie ideale Partner für eine frei wachsende Wildsträucher-Hecke im Garten. Wem das zu viel Wildwuchs ist, wählt Wildsträucher, die einen Schnitt vertragen: Für Schnitthecken eignen sich zum Beispiel Echte Berberitze *(Berberis vulgaris)*, Weißdorn *(Crataegus)*, Liguster *(Ligustrum vulgare)*, Sal-Weide *(Salix caprea)* und Gemeine Eibe *(Taxus baccata)*.

WILDROSEN

Weltweit gibt es 100–150 Wildrosenarten, in Mitteleuropa liegt mit etwa 30 heimischen Arten sogar ein Schwerpunkt der Artenvielfalt innerhalb

DIE SCHÖNSTEN WILDROSEN FÜR DEN GARTEN

NAME	WUCHS HÖHE	BLÜTE	EIGENSCHAFTEN
Acker-Rose, Feld-Rose *(Rosa agrestis)*	bis 2,5 m	weiß, in kleinen Büscheln, herbsüß duftend	kräftig bestachelte Triebe, längliche Hagebutten
Kriech-Rose *(Rosa arvensis)*	bis 2 m, kletternd bis 6 m	weiß bis rosaweiß, nach Myrte duftend	behält im Herbst lang ihr grünes Laub
Hunds-Rose *(Rosa canina)*	bis 3 m	rosa, zart duftend	sehr stachelig, orangene bis scharlachrote Hagebutten
Essig-Rose *(Rosa gallica)*	bis 1,5 m	groß, hell- bis dunkelrot, gut duftend	derbes Laub, borstig bestachelte Triebe, ziegelrote Hagebutten
Bereifte Rose, Blaue Hechtrose *(Rosa glauca)*	bis 2 m	hellrot, in kleinen Büscheln	blaurotes Laub, blau bereifte Zweige, orangene bis scharlachrote Hagebutten
Zimt-Rose *(Rosa majalis)*	bis 1,8 m	hell- bis karminrosa, in kleinen Büscheln, zart duftend	auffallend mattgrünes Laub, braun- bis purpurrote Zweige, dunkelrote, kugelige Hagebutten
Alpen-Rose *(Rosa pendulina)*	bis zu 1,5 m	karminrosa bis lila	oft stachellos, orangefarbene, ei- bis flaschenförmige Hagebutten
Wein-Rose *(Rosa rubiginosa)*	bis 2,5 m	hellrosa bis rosarot, nach Äpfeln duftend	sehr stachelig, dunkelgrünes, nach Wein und Apfel duftendes Laub, bildet Ausläufer
Bibernell-Rose *(Rosa spinosissima)*	bis 1 m	weiß bis hellgelb, nach Honig duftend	zierliches Laub, runde, schwarzbraune Hagebutten, durch Ausläufer dichte Gebüsche bildend
Filz-Rose *(Rosa tomentosa)*	bis 3 m	weiß bis hellrosa, zart duftend	für sehr trockene Standorte geeignet, auch für feuchte, viele rote Hagebutten
Apfel-Rose *(Rosa villosa)*	bis 1,8 m	rosa, nach reifen Äpfeln duftend (auch das Laub)	rote, borstige, apfelförmige Hagebutten

der Gattung *Rosa*. Am häufigsten bei uns ist die Hunds-Rose, die am Waldrand, Bachlauf und in Hecken gedeiht. Weitere Arten zeigen den Reichtum an Farben, Formen und Düften der heimischen Rosen und eignen sich gut für den Garten. Wildrosen sind die Vorfahren der Gartenrosen. Wegen ihrer pollenreichen Blüten, den roten Hagebuttenfrüchten und dem dichten, stacheligen Wuchs gehören diese meist buschig wachsenden Sträucher zu den ökologisch wertvollen Gehölzen. Die Blüten locken Blattrosenkäfer, Honigbienen, Grabwespen, Steinhummeln und andere Insekten an, die Früchte Grünfinken, Dompfaffe, Kernbeißer und andere Vögel. Neben Nahrung bieten die stacheligen Wildrosen Vögeln, Kleinsäugern und anderen Tieren auch sichere Verstecke. Aus gärtnerischer Sicht liegt der Nachteil der Wildrosen darin, dass sie nur einmal zwischen Mai und Juli blühen – den machen sie aber locker wett durch das reiche Tierleben, das sich hier einfindet.

BÄUME – EINE INVESTITION FÜR VIELE JAHRZEHNTE

Wer weit in die Zukunft denkt, pflanzt – mindestens – einen Baum. Von der Wurzel bis in die Kronenspitze bietet jeder Baum einen vielgestaltigen Lebensraum für Pilze, andere Pflanzen, Insekten, Vögel, Kleinsäuger & Co.

Bäume spielen im Garten das ganze Jahr über eine große Rolle. Sie verleihen ihm auch im Winter Struktur und geben vielen Tieren ganzjährig einen Lebensraum. Da Bäume im Lauf der Jahre sehr hoch und breit werden können und viele Jahrzehnte, manchmal sogar Jahrhunderte alt werden, sollte man sie jedoch stets mit Bedacht auswählen.

Ein Apfelbaum gehört in jeden Garten – ob Hochstamm oder Ballerina-Tree für den Balkon!

NACHHALTIG UND GUT FÜRS KLIMA

Aktuelle Studien der Uni Zürich belegen Offensichtliches: Bäume binden – wie Sträucher – in ihrem Holz jede Menge Kohlendioxid. Sie entnehmen es über die Blätter der Luft und stellen mithilfe der Lichtenergie daraus Kohlenhydrate her – Grundlage für alle Substanzen, aus denen Bäume bestehen. Das tun im Prinzip alle Pflanzen. Während aber Stauden sowie Ein- und Zweijährige Pflanzen im Zyklus der Jahreszeiten werden und vergehen, nehmen Gehölze wie Bäume und Sträucher Jahr für Jahr an Holzmasse zu. In ihrem Holz wird das Kohlendioxid jahrzehntelang eingelagert – oder sogar viele Millionen Jahre lang wie in Stein- und Braunkohle. Die Mengen sind enorm: Eine 80-jährige Rot-Buche entzieht täglich mindestens 8 kg Kohlendioxid aus 16 000 m^3 Luft, an sonnigen Tagen sogar 18 kg. Mit jedem Baum, den Sie in Ihren Garten pflanzen und der an heißen Tagen schattige Kühle spendet und Ihnen reichlich Naturbeobachtungen ermöglicht, tun Sie also auch etwas Gutes für das Klima.
Doch Bäume und Sträucher können noch mehr. Sie geben lebensnotwendigen Sauerstoff ab und filtern dabei auch noch die Luft. Eine 80-jährige Buche zum Beispiel gibt rund 13 kg Sauerstoff täglich ab und jährlich durchströmen über 5,5 Millionen Kubikmeter Luft ihre Blätter. Dabei filtert sie bis

Apfelblüten sind wichtige Nahrungsquellen für Hummeln und andere Wildbienen – auch auf dem Balkon!

zu 45 kg Staub, Krankheitserreger wie Bakterien und Pilzsporen und viele andere feine Schwebstoffe aus der Luft. Sie bleiben auf und in den Blättern hängen und gelangen mit dem Regen bzw. dem Falllaub in den Boden. Diese Filterleistung erbringt jeder Baum und jeder Strauch, tagtäglich während der Vegetationszeit. Zudem verdunsten Bäume über die Blätter ständig Wasser, was einen kühlenden Effekt auf die Lufttemperatur hat. Im Schatten eines Baumes sind heiße Sommertage so viel erträglicher als im Schatten einer Hauswand. Gehölze bieten auch Wind-, Schall- und Sichtschutz – das spüren Sie, aber auch die Vögel und andere Tiere, die sich im Geäst aufhalten.

DIE ERSTE WAHL: HEIMISCHE BÄUME

Diese positiven Wirkungen gelten für alle Bäume, unabhängig von ihrer Herkunft oder ihrem Züchtungsgrad. Dennoch gibt es einen Grund, beim Pflanzen für die Zukunft auf heimische Gehölze zu setzen: Diese Arten dienen heimischen Vögeln nicht nur als Versteck, Unterschlupf und Platz fürs Nest, sondern bietet ihnen gleichzeitig noch ein Jagdrevier für Insektenbeute und einen mit Blättern, Samen und Früchten reich gedeckten Tisch. Amerikanische oder asiatische immergrüne Koniferen, die vor allem in Neubaugebieten so gern als scheinbar pflegeleichter Sichtschutz gepflanzt werden, sind für unsere heimische Vogelwelt wertlos, denn Insekten meiden sie. Und wo keine Insekten sind, finden sich auch keine Vögel, keine Fledermäuse und keine Kleinsäuger ein. Anders die heimischen Gehölze – ihre Ökobilanz schlägt die der Fremdgehölze um Welten. Auf einer heimischen Stiel-Eiche zählten Biologen bis zu 2000 verschiedene Tierarten – aber dieser Baum ist eindeutig zu groß für den Garten. Ökologisch genauso wertvoll, aber eindeutig gartenaffiner ist ein Apfelbaum..

VOR DEM BAUMKAUF BEACHTEN

Bei der Wahl Ihres Baumfreunds gibt es ein paar Dinge zu bedenken, denn der Baum wird Sie überleben: Das sind zum einen Größe und Zuschnitt der Gartenfläche, zum anderen Standort, Boden und Klima.
Von der Gartenfläche hängt es ab, wie groß ein Baum sein darf. Denn zu den Nachbargrundstücken müssen Grenzabstände eingehalten werden. Erkundigen Sie sich bei der zuständigen Gemeinde- oder Stadtverwaltung. Außerdem sollte der Baum auch zum Gesamteindruck von Haus und Garten passen. Und vor allem muss er mit dem Standort, mit den dortigen Licht-, Boden- und Klimaverhältnissen zurechtkommen – was für die meisten heimischen Bäume kein Problem ist, da sie an unser Klima angepasst sind. Am besten ge-

Lebendige Fassaden

Eintönige Flächen wie nackte Wände am Haus, an der Garage, am Schuppen oder an der Pergola verwandeln Klettergehölze in belebte, ökologisch wertvolle Lebensräume. Vor allem der Efeu *(Hedera helix)* gehört zu den ökologisch wertvollsten Klettergehölzen: Gartenvögel brüten gern in ihm. Außerdem bietet er ihnen sowie zahlreichen Insekten Blüten und Früchte an, und zwar im Spätherbst und Winter, wenn andere Nahrungsquellen rar sind. Er braucht kein Klettergerüst und erklimmt – ebenso wie der Wilde Wein *(Parthenocissus quinquefolia)* und die Gewöhnliche Jungfernrebe *(Parthenocissus inserta)* – von ganz allein die Wände, vorausgesetzt das Mauerwerk ist in Ordnung. Feuchte Mauern, dünne Putzschichten, vorgehängte (Wärmeschutz-)Fassaden und ähnliche Wände begrünen Sie besser mit einem stabilen, fest im Mauerwerk verankerten Klettergerüst, das von der Anemonen-Waldrebe *(Clematis montana)*, dem Wald-Geißblatt *(Lonicera periclymenum)* oder der Weinrebe *(Vitis vinifera)* berankt wird. Damit keine Schäden entstehen, müssen Sie Fallrohre, Lüftungsöffnungen, Regenrinnen und Rollladenkästen unbedingt von Bewuchs freihalten. Auch Kletterpflanzen werden im Frühjahr einmalig mit einer Kompostgabe gedüngt, immergrüne wie der Efeu auch im Winter an frostfreien Tagen mit Wasser versorgt.

hen Sie zum Kauf in eine regionale Baumschule. Dort kennt man die klimatischen Besonderheiten Ihrer Region und kann Sie gut beraten.

Ab September liefert Efeu Schmetterlingen, Schwebfliegen, Hummel- und Wespenköniginnen Nahrung.

HEIMISCHE BÄUME ZUR AUSWAHL

Je nach dem Platz prägt ein Hausbaum im Vorgarten oder Eingangsbereich den Gesamteindruck Ihres Hauses, im Garten schafft er einladende Räume an Sitzplatz und Terrasse und Kinder klettern im Geäst. Einige Arten im Überblick:

- Zum Glück gibt es einige Baumarten, die von Natur aus kleinkronig bleiben oder regelmäßig zurückgeschnitten werden können – sie eignen sich auch für kleine Gärten. Beispiele sind der Feld-Ahorn *(Acer campestre)* sowie verschiedene Obstbäume wie Apfel, Birne, Kirsche, Pflaume oder Quitte – je nach Unterlage wachsen sie zum richtigen Baum oder bleiben niedrig und kleiner. Auch der Weißdorn wächst zu einem Baum mit großer, runder Krone bei nur 7 m Höhe heran.
- Wer einen Baum mit herrlich duftenden Blüten möchte, wählt die Traubenkirsche *(Prunus padus)* oder Kirschpflaume *(Prunus cerasifera)*.
- Ausgesprochen robust und anspruchslos, dazu schatten-, sonnen- und hitzeverträglich ist die Gewöhnliche Hainbuche *(Carpinus betulus)* mit

Blütenkätzchen im Frühjahr und hängenden Flügelnüssen im Herbst, die zu einem schönen Baum heranwächst. Da sie sogar nach starkem Rückschnitt wieder gut regeneriert, eignet sie sich auch für eine Schnitthecke.

- Möchten Sie einen besonderen Hausbaum, wählen Sie einen Wildobstbaum: Die Eberesche *(Sorbus aucuparia)* verträgt auch das Stadtklima und besitzt eine lockere, rundliche Krone. Vögel lieben ihre Früchte – darum heißt sie auch Vogelbeere. Die Früchte bleiben im Winter am Baum, nach dem ersten Frost verlieren sie ihre Bitterstoffe und schmecken den Vögeln. Der verwandte Speierling *(Sorbus domestica)* ist kurzstämmig, er ist in der freien Natur selten geworden.
- Für lichtschattige bis schattige Plätze eignet sich die heimische immergrüne Stechpalme *(Ilex aquifolium)* mit außergewöhnlich stachelspitzigen Blättern und koniferenähnlicher Krone. Aus den nach Honig duftenden kleinen Blüten entwickeln sich rote Früchte. Allerdings sind alle Pflanzenteile giftig.

Aber auch einige nicht heimische Bäume zeichnen sich durch einen hohen ökologischen Wert aus:

- Die Kupfer-Felsenbirne *(Amelanchier lamarckii)* stammt zwar aus Nordamerika, ist aber ökologisch genauso wertvoll wie die strauchförmige heimische Felsenbirne *(Amelanchier ovalis)*. Beide tragen herrlich süße Früchte – wenn Sie noch etwas abbekommen möchten, müssen Sie früh aufstehen, sonst kommen Ihnen die Vögel zuvor.
- Kurzer Stamm, runde Krone und brombeerähnliche Früchte zeichnen die im Mittelmeerraum häufige Maulbeere *(Morus nigra)* aus, die in wintermilden Gebieten einen herrlichen Hausbaum abgibt und dank ihrer Anspruchslosigkeit in Bezug auf die Wasserversorgung ebenso wie die aus Südosteuropa stammende Baum-Hasel *(Corylus colurna)* mit essbaren Nüssen als guter Baum-Tipp in Zeiten des Klimawandels gilt.
- Die Echte Mispel *(Mespilus germanica)*, bis zum Mittelalter oft als Obstbaum kultiviert, wächst als kurzstämmiger kleiner Baum. Erst nach Frost sind die süßsäuerlichen Früchte genießbar.

Oben: Wintervorrat für Vögel: Früchte der Eberesche. Unten: Wer im Sommer Felsenbirnenfrüchte ernten will, muss vor den Vögeln aufstehen.

START-UP: 10 M² NATUR-HEIMAT

DAS BRAUCHEN SIE

- 1–2 Sträucher
- 3–5 Leitstauden (hoch)
- 17 Begleitstauden (mittelhoch)
- 12 Bodendecker (niedrig)
- 150 Blumenzwiebeln
- Samenmischung für 6 m² Blumenwiese, passend zum Standort und lokalen Klima

Es ist ganz leicht, einen »Garten der Zukunft« anzulegen. Dazu wählen Sie eine sonnige bis halbschattige Fläche von etwa 10 m² aus. Bester Pflanztermin: Herbst oder zeitiges Frühjahr.

- Lockern Sie den Boden. Ist er sehr nährstoffreich, magern Sie ihn ab (→ Seite 42).
- Wählen Sie die Pflanzen gemäß der Liste (→ Artenauswahl rechts): 1 Strauch und 3 Leitstauden in einer Art oder 2 Sträucher für eine höhere Gruppe, dazu 17 Begleitstauden (5–6 Arten), 12 Bodendecker (2–4 Arten) sowie Blumenzwiebeln und eine Samenmischung für eine Wildblumenwiese.
- Stellen Sie die Pflanzen in den Töpfen auf die vorgesehenen Plätze im Beet. Pflanzabstände berücksichtigen: für Sträucher 1,5–2 m, für Stauden und Bodendecker 20–50 cm. Die Wildsträucher setzen Sie nach hinten oder in die Mitte der Fläche. Die Leitstauden bilden neben den Sträuchern eine Gruppe im Hintergrund oder in der Mitte der Fläche. Verteilen Sie die Begleitstauden auf der übrigen Fläche, und zwar

Die weißen bis hellgelben Blüten der zierlichen Bibernell-Rose duften fein nach Honig. Sie blüht von Mai bis Juni hinein

Nur Hummeln gelangen tief in die nektar- und pollenreichen Blüten des giftigen Fingerhuts hinein.

in Gruppen von 3–4 pro Art. Die Lücken füllen Sie mit Bodendeckern. Prüfen Sie das Arrangement von verschiedenen Seiten und korrigieren Sie gegebenenfalls.

- Sträucher und Stauden bodeneben in die Pflanzlöcher setzen. Erde andrücken, angießen.
- Blumenzwiebeln verteilen und in den Boden setzen. Samenmischung aussäen und gießen.

Sorgen Sie auch für Kleinstrukturen: vielleicht eine Trockenmauer, ein Stein- oder Totholzhaufen oder eine Vogeltränke.

Wildsträucher-Auswahl:
Hunds-Rose, Bibernell-Rose, Wein-Rose, Apfel-Rose; Blutroter Hartriegel *(Cornus sanguineum)*, Eingriffliger Weißdorn *(Crataegus monogyna)*, Echter Kreuzdorn *(Rhamnus cathartica)*.

Leitstauden-Auswahl:
Roter Fingerhut *(Digitalis purpurea)*, Echter Alant *(Inula helenium*, eingebürgert), Gelbe Wiesenraute (*Thalictrum flavum* ssp. *flavum*), Wilde Karde (*Dipsacus fullonum*, zweijährig).

Begleitstauden-Auswahl:
Schafgarbe *(Achillea millefolium)*, Glockenblumen *(Campanula glomerata, C. latifolia)*, Flockenblumen *(Centaurea jacea, C. scabiosa)*, Labkraut *(Galium verum, G. mollugo)*, Storchschnabel *(Geranium pratense, G. sanguineum)*, Moschus-Malve *(Malva moschata)*, Blaue Himmelsleiter *(Polemonium caeruleum)*, Gelbe Resede *(Reseda lutea)*, Echtes Seifenkraut *(Saponaria officinalis)*, Rote Lichtnelke *(Silene dioica)*, Deutscher Ziest *(Stachys germanica)*.

Bodendecker-Auswahl:
Kriechender Günsel *(Ajuga reptans)*, Gundelrebe *(Glechoma hederacea)*, Polei-Minze *(Mentha pulegium)*, Majoran *(Origanum vulgare)*, Feld-Thymian *(Thymus pulegioides)*, Liegender Ehrenpreis *(Veronica prostratra)*.

Wildzwiebelblumen-Auswahl
Frühlings-Krokus *(Crocus vernus)*, Schneeglöckchen *(Galanthus nivalis)*, Atlantisches Hasenglöckchen (*Hyacinthoides non-scripta*, eingebürgert), Märzenbecher *(Leucojum vernum)*, Dichter-Narzisse *(Narcissus poeticus recurvus)*, Zweiblättriger Blaustern *(Scilla bifolia)*.

Dichter-Narzissen, Traubenhyazinthen und Vergissmeinnicht bringen bunte Blütenfarben in den Frühlingsgarten.

GEMÜSE-, KRÄUTER- UND OBSTGARTEN

Knackiges Gemüse, leckere Kräuter, süße Früchte – selbst gezogen, frisch geerntet und 100 % bio – all das gibt es in Ihrem Garten. Es muss kein großer Nutzgarten sein, vielleicht beginnen Sie mit einem kleinen Beet.

Anders als im Ziergarten geht es im Nutzgarten ums Anbauen und Ernten. Hier sollen Erträge fließen, denn der Erntekorb will gefüllt sein. Kein Wunder, dass bei Kräutern, Salaten und Gemüsen, bei Erdbeeren, Beerensträuchern und Obstgehölzen ein besonders scharfes Regiment von Ordnung und Kontrolle herrscht und der Einsatz von Pflanzenschutzmitteln und Düngern – neben der Rasenfläche – am höchsten ist.
Doch auch hier gilt im Garten der Zukunft: Lassen Sie auch den Gemüse- und Obstgarten ein Puzzleteil im Netzwerk der Natur sein. Das ist wichtiger, als Rekordernten einzufahren. Teilen Sie Pflanzen und Früchte mit Vögeln, Raupen und Wanzen und lassen Sie Frieden einkehren: Schließlich müssen Sie von den Erzeugnissen Ihres Gartens weder leben noch mit ihnen Geld verdienen.
Natürlich dürfen Sie im Gemüsegarten stärker eingreifen als im Ziergarten. Düngen Sie – aber bitte in Maßen und mit organischen Präparaten (→ Seite 86). Beugen Sie Schädlingen und Krankheiten durch die richtige Sortenwahl vor. Und wenn doch mal Schädlinge überhandnehmen – handeln Sie schonend und ohne Gift (→ Seite 64, 117).

Feuerbohnen erklimmen tipiähnlich aufgestellte Stangen, Ringelblumen vertreiben Bohnenblattläuse.

REGIONALE PFLANZEN WÄHLEN

Pflanzen, deren Bedürfnisse sich stark von den Bedingungen am Standort unterscheiden, stehen unter Stress – Stress aber schwächt die Abwehr und macht Pflanzen anfällig. Wählen Sie deshalb an Ihren Standort angepasste Arten und Sorten, dann haben Krankheiten und Schädlinge viel weniger Chancen, sich auszubreiten.
Ein Beispiel: Mediterrane Kräuter brauchen einen sonnigen Platz und mageren Boden. An einem schattigen Platz in fettem Boden bekommen sie lange, weiche Triebe, auf denen sich leicht Blattpilze wie Mehltau ansiedeln können. Außerdem werden sie dort schneller von Läusen befallen.
Gerade bei Salaten, Gemüsen und beim Obst gibt es mittlerweile widerstandsfähige und gegen typische Schaderreger resistente Sorten, die dazu auch noch gut schmecken. Eine besonders große Auswahl finden Sie im Pflanzen- und Samenhandel bei Bohnen, Erbsen, Gurken, Salaten und Toma-

Buntes Gemüseallerlei auf kleinstem Raum im Gemüsegarten – dort wachsen Kohl, Amaranth, Kamille, Mangold, Lauch und Karotten.

ten, etwas kleiner ist das Sortiment bei Feldsalat, Karotten (Möhren), Kohl, Kürbis, Melonen, Paprika, Rettich, Spinat und Zucchini. Wählen Sie diese Sorten und probieren Sie auch alte Gemüsearten und -sorten, die früher in Ihrer Gegend angebaut wurden. Jungpflanzen und Saatgut von solchen regionalen Varianten bekommen Sie im Frühjahr in Gärtnereien und auf den Märkten vor Ort.

Noch wichtiger als bei Gemüsen und Salaten ist die richtige Arten- und Sortenwahl bei Obstbäumen und Beerensträuchern, da sie viele Jahre und Jahrzehnte an derselben Stelle bleiben. Die Baumschulen vor Ort bieten die passenden regionalen Sorten an und beraten Sie. Doch auch im Internet und auf privaten Tauschbörsen hat sich mittlerweile ein munterer Handel mit regionalen Sorten von Gemüsen und Obst entwickelt.

Vielleicht macht es etwas Mühe, aber es lohnt sich, solche Sorten zu suchen. Sorten aus dem Erwerbsanbau sind dagegen oft ungeeignet für den Hausgarten: Sie wurden nicht auf Geschmack, sondern auf Ertrag, auf Transport- und Lagerfähigkeit und bestes Aussehen gezüchtet.

VORBEUGENDE MASSNAHMEN

Es gilt für den ganzen Garten, aber noch mehr im Nutzgarten: Tun Sie alles für die Gesundheit Ihrer Pflanzen. Schließlich wollen Sie keine Pestizide einsetzen, die dann auf Ihrem Teller landen. Die Basis für die Pflanzengesundheit sind ein gesunder, stets bedeckter Boden (→ Seite 80), die richtige Versorgung der Pflanzen mit Nährstoffen und Wasser (→ Seite 86), eine gute Pflanzenwahl gemäß den Standortbedingungen sowie angesichts des Klimawandels schattenspendende Büsche um die Beete.

- Setzen Sie auf Nützlinge wie Insekten, Spinnen, Eidechsen, Vögel, Fledermäuse und Igel. Sie sind die tierischen Helfer an Ihrer Seite. Tun Sie deshalb alles dafür, um diesen heimischen Tieren einen Lebensraum in Ihrem Garten zu bieten.

Flexibel sein

Gärtnern Sie nicht mit dem Kopf durch die Wand: Wenn eine Kultur in Ihrem Garten nicht klappt oder nur mithilfe von giftigen Pflanzenschutzmitteln, verzichten Sie darauf und bauen etwas anderes an – entweder eine andere Sorte oder eine andere Gemüse-, Kräuter- oder Obstart.

STÄRKENDE PFLANZENJAUCHEN

WILDKRAUT	ANSATZ	ANWENDUNG	WIRKUNG
Beinwell: Kraut	1 kg frisch / 150 g getrocknet	1 : 10 mit Wasser verdünnen	stärkt Rosen und frisch gepflanzte Gehölze; milde Kalium-Düngung, auch für Jungpflanzen und Gemüse
Brennnessel: Kraut	1 kg frisch / 200 g getrocknet	Kompost: unverdünnt Pflanzen: 1 : 10 mit Wasser verdünnen	fördert Kompostierung, aktiviert Bodenleben, wachstumsfördernd, allgemein pflanzenstärkend
Knoblauch, Zwiebeln: Blätter, Schalen	500 g frisch	1 : 10 mit Wasser verdünnen	pflanzenstärkend
Rhabarber: Kraut	1 kg frisch / 100–200 g getrocknet	1 : 10 mit Wasser verdünnen	stärkt das Pflanzengewebe, beugt Pilzkrankheiten vor
Ringelblume: Blüten, Blätter	1 kg frisch / 100–200 g getrocknet	1 : 10 mit Wasser verdünnen	wachstumsfördernd, pflanzenstärkend
Acker-Schachtelhalm	1 kg frisch / 150 g getrocknet	1 : 5 mit Wasser verdünnen, morgens anwenden	beugt verschiedenen Pilzkrankheiten vor, wie z. B. Kraut- und Braunfäule bei Tomaten
Schafgarbe, Kamille und Knoblauch	je 50 g getrocknete Kräuter + 20 g Knoblauch	1 : 10 mit Wasser verdünnen	für gesunde Jungpflanzen: Samen vor der Aussaat und Wurzeln vor der Pflanzung wenige Minuten lang darin baden

- Kräftigen Sie ihre Pflanzen: Blütenextrakte, Pflanzenjauchen, Brühen, Tees und Kräuterauszüge können Sie ganz leicht selber ansetzen (→ Tabelle, siehe auch S. 89). Sie stärken Blumen, Bäume, Sträucher, Gemüse und Kräuter.

MISCHKULTUR

Bei den Pflanzen geht es nicht anders zu als bei den Menschen: Manche mögen sich, andere nicht. Dies hängt damit zusammen, dass jede Pflanze im Rahmen ihrer Kommunikation mit den Bodenlebewesen über ihre Wurzeln andere chemische Botenstoffe in den Boden abgibt, die arttypisch andere Pflanzen entweder hemmen oder fördern. Wenn Sie nun die richtigen Pflanzenpartner zusammen in ein Beet pflanzen, fördern sie sich gegenseitig im Wachstum, halten bestimmte Insekten fern oder locken sie an – das ist das Prinzip der Mischkultur.

Um Läuse fernzuhalten, pflanzen Sie zum Beispiel Bohnenkraut zu Bohnen, Hafer zu Dicken Bohnen und Kerbel zu Salat. Pilzkrankheiten können Sie vorbeugen, wenn Sie Basilikum zu Gurken, Kohl oder Tomaten setzen. Zwiebeln und Möhren halten sogar gegenseitig Zwiebelfliege und Möhrenfliege voneinander fern. Borretsch zu Gurken und Zucchini gepflanzt, lässt blütenbestäubende Insekten leichter den Weg zu ihren Blüten finden.

Zuckermais und Bohnen gedeihen so wie einst in ihrer amerikanischen Heimat: Dort wurden Mais und rankende Bohnen zusammen in den Boden gesteckt, sodass die Bohnen den rasch wachsenden Mais als Stütze nutzen können und ihn umgekehrt mit Stickstoff versorgen, den sie im Boden anrei-

chern. Ergänzt wurden sie durch Kürbisse, deren große Blätter den Boden beschatten und feucht halten und das erfolgreiche Trio der »Drei Schwestern« komplett machen.
Die Mischkultur hat noch viele weitere Vorteile:

- Sie ist günstig für den Boden. Durch die Bepflanzung eines Beetes mit verschiedenen Kulturen werden die Nährstoffe nicht einseitig entnommen wie es zum Beispiel in einem reinen Kohlbeet geschieht.
- Mischkultur braucht weniger Platz, denn auf einem Beet wachsen mehrere Kulturen. Die Partner stehen am besten dicht an dicht, ausgewachsene Pflanzen berühren sich sogar. Gerade bei Kräutern ist dies wichtig, wenn sie ihre schützende Wirkung entfalten sollen. Außerdem ist der Boden bedeckt, muss nicht gemulcht werden, trocknet nicht aus und lässt keinen Platz für hier unerwünschte Wildkräuter.
- Die Partner werden oft zu unterschiedlichen Zeiten geerntet. Entweder nutzt dann die verbleibende Kultur den Platz, um sich auszubreiten, oder Sie setzen oder säen in die Lücken eine passende Nachkultur, z. B. Feldsalat zwischen Kohl.

KLEINE NOTFALL-APOTHEKE

Trotz Fürsorge für eine natürliche Balance zwischen allen Organismen und sorgfältiger Pflege kann es als Folge ungünstiger Einflüsse vorkommen, dass Schädlinge überhandnehmen oder sich Krankheiten einstellen. In diesen Akutfällen wenden Sie schonende Maßnahmen an:
Blattläuse: Prüfen Sie erst, ob Marienkäferlarven oder andere Blattlausfeinde schon am Werk sind. Wenn nicht, können Sie die Läuse mit einem scharfen Wasserstrahl abspritzen oder befallene Pflanzenteile entfernen.
Erdflöhe: Diese Blattkäfer springen bei Störung auf wie Flöhe. Direkt nach Aussaat oder Pflanzung ausgebrachte feinmaschige Erdflohnetze und Vliese (Ränder gut befestigen) schützen junge Kohl-, Radieschen- und Rettichpflänzchen.
Nacktschnecken: Abends ausgelegte Holzbretter, große Gemüseblätter, ausgehöhlte Gurken oder

Studentenblumen *(Tagetes)* und Ringelblumen vertreiben im Gemüsebeet schädliche Nematoden im Boden.

umgestülpte Salatköpfe dienen als Falle, in die sich die Nacktschnecken zurückziehen – dann können Sie sie morgens einsammeln.
Schädliche Nematoden: Diese im Boden lebenden Fadenwürmer befallen die Wurzeln verschiedener Pflanzen. Vorbeugend hilft die Pflanzung von Ringelblumen und Tagetes, in Misch- oder als Zwischenkultur. Beete, in denen solche Nematoden aufgetreten sind, sollten 4–5 Monate brachliegen, um die Nematoden auszuhungern.
Schildläuse: Im Garten befallen sie vor allem Obstbäume. Sobald Sie diese entdeckt haben, sollten Sie sie mit einer Zahn- oder Drahtbürste von der Rinde abbürsten. Hängen Sie zudem ein Ohrwurm-Schlafnest ins Geäst, das Sie zur Obstreife kurzzeitig entfernen. Ebenso verfahren Sie mit Blutläusen.
Pilzkrankheiten: Pilze gehören zu den Destruenten, die vor allem schwache oder kränkelnde Pflanzen befallen, um sie durch Zersetzung in den Nährstoffkreislauf zurückzuführen. Von Grauschimmelpilzen *(Botrytis)* befallene Erdbeeren oder Pflanzenteile von Gurken, Salaten, Tomaten, Zucchini und anderen Gemüsen werden schnellstens entfernt. Dasselbe gilt für alle Pflanzenteile, die von Echtem oder Falschem Mehltau oder anderen Pilzkrankheiten befallen sind.

SO WIRD DER BALKON ZUR KEIMZELLE IM NATURNETZWERK

Auch auf Ihrem Balkon – selbst wenn er nur klein ist – können Sie für Insekten Nahrung, Unterschlupf und Brutstätten bieten. So unterstützen Sie die natürlichen Netzwerke in der unmittelbaren Umgebung.

Wer in der Stadt lebt, hat selten einen Garten, aber oft einen Balkon. Ob er zu einem Ort wird, an dem sich Schmetterlinge, Bienen und andere Insekten einfinden, liegt vor allem daran, welche Pflanzen dort wachsen: Die meisten klassischen Balkonblumen – von anderen Kontinenten stammende Geranien *(Pelargonium)*, Petunien oder Fleißiges Lieschen – haben Bienen und anderen blütenbesuchenden Insekten wenig bis nichts zu bieten. Wachsen auf dem Balkon hingegen Pflanzen mit nektar- und pollenreichen einfachen Blüten, finden Insekten Nahrung. Sie haben es also in der Hand, Ihren Balkon in eine lebendige Oase zu verwandeln.

Im zeitigen Frühling besuchen erste Hummeln Weidekätzchen, Blaustern und Winterling auf dem Balkon.

Im Siedlungsbereich kommen vor allem solche Insektenarten vor, die wenig spezielle Ansprüche haben. Dazu gehören beispielsweise die Rote und die Gehörnte Mauerbiene, die Gemeine Pelzbiene, die Zottelbiene oder auch die Blattschneiderbiene. Sie besuchen viele verschiedene Blüten und nehmen verschiedenste Hohlräume zum Nisten an. Auch staatenbildende Hummeln besiedeln die Städte. Weil die verschiedenen Insekten unterschiedliche Flugzeiten haben, sollten Sie dafür sorgen, dass auf Ihrem Balkon immer etwas blüht – so wird er zu einer verlässlichen Nahrungsquelle für Insekten.

BLÜTEN VON FRÜHJAHR BIS HERBST

Die Palette der für den Balkon geeigneten Arten ist erstaunlich groß. Sie reicht von früh- bis zu spätblühenden Arten (→ Seite 121). Aber auch zahlreiche Gartenpflanzen gedeihen auf dem Balkon (→ Seite 101, 103). Da die meisten Wildpflanzen nur eine recht kurze Blütezeit haben, kombinieren Sie in den Pflanzgefäßen am besten verschiedene Arten mit aufeinanderfolgenden Blühzeiten. Damit auch schon zu Beginn des Jahres etwas blüht, setzen Sie Zwiebelblumen dazu. Ab März bietet zum Beispiel ein Hängeweiden-Hochstämmchen reichlich Pollen. In den Kästen blühen neben nektarreicher Schneeheide auch die weiße Schleifenblume *(Iberis sempervirens)*, dazu Frühlings-Krokusse, blauer Zweiblättriger Blaustern *(Scilla bifolia)* sowie gelbe Winterlinge. Bietet Ihr Balkon etwas Platz, können Sie dort sogar einen Apfelbaum mit nektar- und pollenrei-

Für Hummeln und Bienen ist der Tisch im Bienen-Restaurant mit blau blühenden Kräutern wie Thymian, Ysop und Lavendel reich gedeckt.

chen Blüten im Kübel kultivieren. Die sogenannten Ballerina-Trees sind ideal dafür – sie liefern Jahr für Jahr erstaunlich viele Früchte. Auch eine im Kübel gezogene Johannisbeere lädt im Frühjahr mit ihren Blüten nahrungssuchende Insekten ein. Im April öffnen sich in den Kästen die Blüten von Blaukissen und Steinkraut, dazu die von Traubenhyazinthen und Tulpen. Ab Mai wird es dann richtig üppig: In großen Kübeln blühen Himbeeren und Wildrosen, in Töpfen und Gefäßen Zierlauch, Phacelia, Esparsette, Klee, Berg-Flockenblume, Rote Spornblume und Glockenblumen, dazu duftender Rosmarin und Wiesen-Salbei. Auch Moschus-Malven, Wilde Malven und Bechermalven machen sich wunderschön im Kübel, kombiniert mit den blauen Blüten von Natternkopf und Himmelsleiter sowie gelben Nachtkerzen.
Einen wahren Blütenrausch bieten balkontaugliche Wildblumen dann im Juni: Beispiele sind Kornblume, Wilde Möhre, Rainfarn, Purpur-Leinkraut, Färber-Wau und Knäuel-Glockenblume, dazu Schopf-Lavendel, Duftnessel, Thymian, Lavendel und Borretsch. Auch der Scharfe Mauerpfeffer lockt Bienen mit Nektar und Pollen.
Sogar im Juli kann es auf dem Balkon noch reichlich blühen: Für große Gefäße bzw. Kübel eignen sich Purpur-Sonnenhut, Stockrosen, Königskerzen, Gelber Sonnenhut, Sonnenblumen, Schmuckkörbchen, Sonnenbraut, Mädchenauge, Strahlen-Astern und Echter Alant. Im Kräuterkasten locken die Blüten von Wildem Majoran, Ysop und Tüpfel-Johanniskraut, ebenso Dahlien – aber bitte nur solche mit ungefüllten Blüten.
Ab August nimmt das Blütenangebot in den meisten Gärten langsam ab – nicht auf Ihrem Balkon: Dort besuchen Bienen und Schmetterlinge die strauchartig wachsende Bartblume *(Caryopteris cladonensis)* ebenso wie Berg-, Glattblatt- und Raublatt-Astern. In Töpfen und Kästen öffnen sich die Blüten der Hohen Fetthenne *(Sedum telephium)* und der Besenheide *(Calluna vulgaris)*.
Tipp: Wem die Pflanzenwahl zu aufwendig ist, bekommt in Wildstaudengärtnereien fertige Pflanzpakete mit verschiedenen miteinander harmonierenden Wildblumen, die nacheinander blühen.

Ranken und Klettern

Mit rankenden Pflanzen können Sie zusätzlich Balkongeländer und Wände begrünen oder an einem Rankgerüst für Sichtschutz sorgen: Hübsch blüht von April bis Juli die Zaun-Wicke *(Vicia sepium)*. Auch eine der ökologisch wertvollsten heimischen Pflanzen eignet sich – der Efeu. Ebenfalls reizvoll sind Pflanzen mit hängenden Trieben wie Gundelrebe *(Glechoma hederacea)* oder die Kapuzinerkresse *(Tropaeolum majus)*.

Oben: Ungeniert ernten Vögel wie der Stieglitz auf dem Balkon Samen einer Distel. Unten: Perfekte Wildbienennisthilfe für den Balkon.

EIN BISSCHEN BALKONPRAXIS

Verwenden Sie unbedingt torffreie Blumenerde oder mischen Sie sich selbst eine Erde aus Gartenerde mit wenig Kompost. Für die mageren Boden liebenden Wildblumen mischen Sie reichlich Sand darunter. In Blumenkästen benötigen Sie pro laufendem Meter etwa fünf Pflanzen. Soll es ganz schnell blühen, säen Sie zusätzlich eine Samenmischung mit heimischen einjährigen Bienen-, Schmetterlings- oder Insektenblumen aus. Wichtig: Nach der Blüte Verblühtes nicht abschneiden, damit sich Samen bilden können – eine wertvolle Nahrung für Finken und andere Singvögel.

NISTHILFE FÜR WILDBIENEN

Für solitäre, also einzelgängerisch lebende Wildbienen wie Mauer- oder Löcherbienen können Sie auch auf dem Balkon Nisthilfen anbieten. Angst vor Stichen brauchen Sie nicht zu haben: Anders als staatenbildenden Wespen oder Hummeln verteidigen Wildbienen ihre Nistplätze und Brut nicht. Wildbienen haben auch kein Interesse an menschlichen Speisen. Als Nistplätze eignen sich hohle Bambusstäbe oder in harte Holzstücke gebohrte Löcher mit 3–9 mm Durchmesser. Die Öffnungen und Innenwände der Löcher müssen glatt sein, damit die zarten Flügel der Wildbienen nicht verletzt werden.

Diese Nisthilfen platzieren Sie ab Februar an sonnigen, möglichst regengeschützten Plätzen, am besten etwas erhöht. Bald werden sich die ersten Wildbienen einfinden. Die Nisthilfen bleiben das ganze Jahr draußen, selbst wenn sich hinter den zugekitteten Öffnungen scheinbar nichts tut. Im Innern entwickeln sich die Wildbienen der nächsten Generation. Sie verlassen im kommenden Jahr zur selben Zeit ihre Brutzellen, zu der ihre Eltern geflogen sind. Im Herbst können Sie die Nisthilfen zusammen mit den draußen überwinternden Pflanzen an einen geschützten Platz an die Hauswand rücken.

Noch ein Tipp: Insekten benötigen Wasser zum Trinken: Dazu bieten Sie einen mit Wasser vollgesogenen Küchenschwamm auf einer Unterlage an.

BALKONPFLANZEN RUND UMS JAHR

DEUTSCHER / BOTANISCHER NAME	BLÜTEZEIT -FARBE	STAND-ORT	HÖHE (CM)	WERT ALS BIENEN-WEIDE * gering *** hoch ** mittel **** sehr hoch
Schwarze Nieswurz, Stinkende Nieswurz *Helleborus niger, H. foetidus*	Dez.-März weißlich, grünlich	☼ ◑	10-30	Nektar *** Pollen ***
Schneeheide *Erica carnea*	Dez.-April dunkel- bis hellrosa	☼	15-25	Nektar **** Pollen **
Kleiner Winterling° *Eranthis hyemalis*	Jan.-März gelb	☼ ◑	5-10	Nektar ** Pollen ***
Kriechender Günsel *Ajuga reptans*	April-Aug. blau	☼ ◑	15-30	Nektar *** Pollen *
Fächer-Zwergmispel° *Cotoneaster horizontalis*	Mai-Juni weiß	☼ ◑	bis 50	Nektar **** Pollen ***
Rosmarin° *Rosmarinus officinalis*	Mai-Juli blauviolett	☼	50-100	Nektar *** Pollen *
Wiesen-Salbei *Salvia pratensis*	Mai-Aug. blauviolett	☼ ◑	30-60	Nektar *** Pollen *
Gemeine Ochsenzunge *Anchusa officinalis*	Mai-Sept. dunkelblau	☼	30-80	Nektar *** Pollen **
Wiesen-Flockenblume *Centaurea jacea*	Mai-Okt. violett	☼	20-50	Nektar ** Pollen **
Blaue Himmelsleiter *Polemonium caeruleum*	Juni-Juli violett	☼ ◑	30-50	Nektar *** Pollen ***
Scharfer Mauerpfeffer *Sedum acre*	Juni-Aug. gelb	☼	5-15	Nektar *** Pollen **
Natternkopf *Echium vulgare*	Juni-Sept. blau	☼ ◑	40-80	Nektar *** Pollen **
Duftnessel° *Agastache foeniculum*	Juni-Sept. lila	☼	40-80	Nektar **** Pollen **
Flachblättriger Mannstreu *Eryngium planum*	Juli-Sept. bläulich	☼	30-80	Nektar **** Pollen *
Wilder Majoran, Dost *Origanum vulgare*	Juli-Sept. hellpurpur	☼	20-50	Nektar *** Pollen **
Ysop° *Hyssopus officinalis*	Juli-Okt. blau	☼ ◑	30-80	Nektar *** Pollen ****
Besenheide *Calluna vulgaris*	Aug.-Nov. rosa	☼	20-80	Nektar *** Pollen ***

° nicht heimisch, aber ökologisch wertvoll

DER SANFTE WEG ZUM GESUNDEN GARTEN

IHRE PFLEGENDE HAND IM NETZWERK GARTEN

Der Gärtner der Zukunft pflegt und bewahrt. Er umsorgt den Lebensraum Garten so, dass dieser gleichsam zu einem Garten Eden wird, in dem Pflanzen, Tiere und Menschen ein wohltuendes Zuhause finden.

Ein solcher Garten muss nicht unordentlich und verwildert sein. Mit einem gesunden Boden als Basis, mit für Mensch und Tier attraktiven Sträuchern, Blumen und Kräutern bepflanzt, mit vielfältigen Kleinstrukturen gestaltet und achtsam im Takt der Natur gepflegt, wird ein solcher Garten vielmehr zu einem lebendigen Ort der Teilhabe. Hier gilt die Devise »Leben und leben lassen«. Aus der Erkenntnis, dass alles mit allem verbunden ist, folgt, dass es nichts gibt, was keine Wirkung auf irgendetwas oder irgendjemanden hat.
So bleibt uns zum Beispiel im Wissen um die große Bedeutung der Insekten und ihre dramatisch abnehmenden Bestände gar nichts anderes übrig, als zukünftig zu hundert Prozent insektenfreundlich zu gärtnern. Wir sollten dies schon um unser selbst willen tun, schließlich werden 90 % unserer Nutzpflanzen von Insekten bestäubt. Die Bestäuber sind darauf angewiesen, dass sie ihren Bedürfnissen zusagende Lebensräume finden. Diese Lebensräume bilden im Garten aber nicht nur die Pflanzen, sondern vor allen Dingen auch bestimmte Strukturen. Darum gehören zur natürlichen Lebenswelt Ihres Gartens verschiedene Kleinstrukturen vom Stein- oder Reisighaufen über eine Trockenmauer bis hin zu Totholz, das liegen bleiben darf, sowie Sandstellen.

GENERALISTEN UND SPEZIALISTEN

Manche Pflanzen und Tiere haben viele »Beziehungskisten«, andere sind streng an einen oder wenige Mitspieler gebunden. Erstere nennt man Generalisten, sie können sich sowohl leicht an neue Nahrungsquellen anpassen als auch an neue Umgebungen und Lebenssituationen. Amsel, Kohlmeise, Mäusebussard, Fuchs und Gehörnte Mauerbiene gehören zu den Generalisten. Diese Arten können Sie häufig beobachten, weil sie mehr oder weniger überall zurechtkommen. Spezialisten hingegen brauchen ganz bestimmte Pflanzen, Kleinstrukturen und Umgebungen – ohne diese können sie nicht überleben. Gerade die Spezialisten werden weltweit mit rapider Geschwindigkeit immer seltener und sind in ihrem Bestand bedroht. In der Natur sind die meisten Arten Spezialisten, es gibt sie jeweils nur in kleiner Individuenzahl. Die wenigsten Arten sind Generalisten, dafür kommen sie in großer Individuenzahl vor.
Wenn Sie Ihren Garten – und damit auch den ihn umgebenden Siedlungsbereich – mit den in diesem Buch beschriebenen Maßnahmen fit für die Zukunft machen wollen, erreichen Sie vor allem die Generalisten. Aber ist das verwerflich? Natürlich sind die Generalisten derzeit die Gewinner. Weil sie sehr anpassungsfähig sind, tauchen sie vermehrt auf. Darum erscheint uns der Artenschwund auch nicht so tragisch, denn die noch recht große Zahl Generalisten gaukelt uns vor, es gebe noch genügend Vögel oder Wildbienen.
Doch sollten wir nicht froh sein um jede Art, die wir vor dem Untergang bewahren? Wie schnell sich das Blatt wenden kann, zeigt uns der Spatz – vor 100 Jahren noch Allerweltsvogel, gehört er heute zu den gefährdeten Arten.

VIELE KLEINE NATURRÄUME ERGEBEN EIN GROSSES GANZES

Wildpflanzen und Wildtiere finden sich überall ein, wo sie nicht entfernt oder vertrieben werden – sogar auf kleinstem Raum. Diese Räume müssen abwechslungsreiche Strukturen bieten, ihre Größe spielt kaum eine Rolle.

Verschiedene Strukturen aus Holz, Steinen und Wasser passen in jeden Garten. Sie sind wichtige Elemente, da sich dort viele Kleintiere und Insekten einfinden. Solche kleinen Lebensraumstrukturen sind – neben Pflanzen – wichtige Zufluchtsstätten, Nahrungsquellen und Treffpunkte, an denen sich Tiere miteinander vernetzen und austauschen. Denn nur Netzwerke aus Pflanzen und Tieren, die im regen Austausch miteinander stehen, können langfristig überleben. Diese Strukturen müssen nicht groß sein. Wichtiger ist, dass es in Ihrem Garten viele verschiedene Kleinstrukturen gibt und nicht nur eine übergroße.

Natursteinplatten leiten durch den Garten, in den breiten Fugen wurden Wildkräuter angesiedelt.

WEGE: REICH AN FUGEN

Wege führen zum Kompost, zum Gemüsebeet, zum Sitzplatz. Diese Wege müssen nicht für eine Befahrung mit schwerem Gerät ausgelegt sein. Ein gemähter Streifen durch die Blumenwiese, in Schrittabstand verlegte einzelne Natursteine als Trittplatten, Steinplatten oder Pflastersteine mit offenen Sandfugen, in denen Blumen blühen (→ Seite 134) oder ein unbefestigter Kiesweg mit buntem Blumensaum reichen aus. Hier ist der Boden nicht versiegelt, die Wege bilden kleine Lebensräume für viele Kleintiere.

STEINHAUFEN UND ZIEGELSTAPEL: ELDORADO FÜR WILDTIERE

Kleine oder größere Steine oder Stapel aus alten Ziegeln in einer Gartenecke sind die kleinen Geschwister der Trockenmauer: An einem sonnigen Platz bieten sie Eidechsen ein Refugium, ebenso vielen Insekten. An der Schattenseite des Haufens siedeln sich Moose an, Sie können sie auch bepflanzen. Hier finden Tiere wie Erdkröte und Blindschleiche, die Kühle und Feuchtigkeit lieben, ein Versteck. Nie mit Plastikplanen abdecken!

TROCKENMAUERN: WERTVOLLES BIOTOP UND GESTALTUNGSELEMENT

Eine Mauer aus Steinen ist dann eine Trockenmauer, wenn sie trocken, d. h. ohne jedes Bindemittel aufgebaut ist und nur durch das Gewicht der Steine gestützt wird. Trockenmauern stellen wichtige Lebensräume für Eidechsen und viele

Große Natursteine stützen einen leichten Hang ab. Dabei bilden sie spaltenreiche Terrassen – ideal für wärmeliebende Pflanzen und als Sonnenplätze und Zufluchtsort für Eidechsen.

weitere heimische Tiere dar, die hier warme Flächen zum Sonnen und offen zugängliche Fugen als Verstecke finden. Eine Trockenmauer bietet in ebenen Gartenarealen ebenso wie im Hanggarten viele Einsatz- und Gestaltungsmöglichkeiten. Trockenmauern können Höhensprünge auffangen, Terrassen oder Sitzplätze bilden oder eine Sandgrube zum Spielen umgeben. Sie können eine kleine Trockenmauer auch aus drei oder vier Reihen Natursteinen an die Südseite der Beete setzen. Auf diese Weise wird Sonnenwärme eingefangen, die zusätzlich den Boden aufwärmt.
Solange die Trockenmauer keine statischen Halte- und Stützfunktionen leisten muss, ist sie leicht aus Steinen aufzubauen. Wählen Sie bevorzugt Natursteine aus der Region. Die größten Steine verwenden Sie am Mauerfuß, die kleineren im oberen Bereich der Mauer. Der Stabilität wegen sollte die Mauer eine leichte Schräge aufweisen. Als Abschluss können oben schwere, flache Steine als Abdeckplatten zum Sitzen genutzt werden. Sie können die Mauerkrone auch bepflanzen (→ Seite 135). Beide Varianten verleihen der Trockenmauer Stabilität und verhindern, dass sie mit der Zeit zum Steinbruch wird. Die Rückseite der Mauer weist zur Hangseite oder wird an der Basis schräg mit Kies und Sand aufgeschüttet. Dadurch entsteht ein weiterer kleiner Lebensraum.

SANDBEET

Die Bereiche unterm Dachtrauf und unter Erdgeschossbalkonen gehören zu den trockensten Stellen eines Grundstücks. Oft werden sie stiefmütterlich behandelt oder einfach vergessen. Doch es sind perfekte Plätze für spezielle Biotope: Zum Beispiel für ein trockenes Sandbeet, das mindestens 15 cm tief sein sollte. Im Sand bauen verschiedene Wildbienen und Sandwespen Brutzellen für ihren Nachwuchs, im Sand wachsen die Larven der libellenähnlichen Ameisenjungfern als Ameisenlöwen heran – sie lauern am Grund von etwa

Blühende Fugen

Schon beim Bau der Trockenmauer können Sie die Fugen mit trockenheitsliebenden Pflanzen bestücken. Das ist oft einfacher, als die Pflänzchen nach dem Bau in die Ritzen zu setzen. Sehr schön fügen sich Zwerg-Glockenblume, Grasnelke, Mauerpfeffer oder Kartäuser-Nelke in die Mauer ein (→ Seite 134).

5 cm großen Trichtern auf Ameisen –, und im Sand baden gern Spatzen und andere Vögel. Helle Kiesbereiche unterm Dachtrauf können Sie locker mit vielen verschiedenen trockenheitsliebenden Wildstauden bepflanzen, zum Beispiel mit zweijährigen Königskerzen, mit Grasnelken, Bergminze, Kartäuser-Nelke, Steppen-Wolfsmilch, Sonnenröschen, Salbei und Thymian.

EINFAHRT

Wo regelmäßig Kraftfahrzeuge fahren oder parken, muss der Untergrund stabil, aber nicht komplett versiegelt sein. Rasengittersteine sind eine gute Alternative. Sie sind stabil, lassen aber das Regenwasser versickern und können außerdem mit Rasen oder Blumenrasen bepflanzt werden.

Der winzige Zaunkönig huscht bei der Nahrungssuche durch bodennahes Gebüsch und über Totholzhaufen.

REISIGHAUFEN, TOTHOLZBURG UND BRENNHOLZSTAPEL

Beim Schnitt von Hecken und Bäumen fallen viele Äste und Zweige an: Schichten Sie sie zu einem lockeren Haufen auf, anstatt sie zu schreddern. So schaffen Sie eine schützende Struktur für Zaunkönig und Rotkehlchen, die dort mitunter sogar brüten. Weil das Reisig verrottet und abgebaut wird, geben Sie jährlich frisches Schnittgut obenauf. Größere Äste und Abfallholz werden ebenfalls zu einem Haufen aufgetürmt. In dicke Holzstücke nagen Blauschwarze Holzbienen und andere Insekten tiefe Gänge für ihre Brutzellen. Im Winter finden zahlreiche Tiere schützende Verstecke. Vielleicht heizen Sie mit Brennholz, das im Freien zu einem Stapel aufgeschichtet ist. Wird auch im Frühjahr noch geheizt, sollten Sie während der Brutzeit von März bis in den Sommer hinein beim Entnehmen von Holzscheiten auf Nester achten, vor allem im oberen Bereich des Stapels.

ZÄUNE: VERBINDEND STATT AUSGRENZEND

Machen Sie aus Ihrem Garten keine Festung. Ein naturbelassener Zaun aus Holzbrettern grenzt das Grundstück ab, ist aber durchlässig für Pflanzenstängel und -triebe, die so das Außen mit dem Innen verbinden. Wertvoll ist der Holzzaun auch für Wespen und Hornissen: Sie schaben für ihre Papiernester feine Raspel vom Holz ab. Damit Igel ungehindert in den Garten können, achten Sie am Boden auf ausreichend große Durchlässe von mindestens 15 × 15 cm. Ein Holzzaun lässt sich natürlich auch wunderschön mit Bienen- und Schmetterlingsblumen beranken (→ Seite 98).

WASSERSTELLEN UND GARTENTEICH

Wasser ist für viele Tiere ein beliebter Treffpunkt zum Trinken und Baden. Dazu reicht eine kleine Wasserstelle, die aber stets mit Wasser gefüllt sein muss. Das Nonplusultra ist natürlich ein Gartenteich an einem sonnigen Platz. Optimal ist eine Wasserfläche von 25–30 m², im Minimum sollte er 2–3 m lang und 1 m breit sein. Am natürlichsten

Dächer können durch Bepflanzung zu wertvollen Lebensräumen für Insekten werden. Doch Achtung: Bevor Sie ein Dach bepflanzen, sollten Sie klären lassen, ob es das hohe Gewicht tragen kann.

wirkt ein Gartenteich in einer Senke des Gartens, wo sich auch natürlicherweise Wasser sammeln würde. Den Vordergrund gestalten Sie als flaches Ufer. Dort können Vögel baden und trinken, flache Steine dienen als Landeplätze für Insekten und Tiere, die in den Teich gefallen sind, können ihn hier sicher verlassen. Die übrigen Seiten legen Sie als nicht begehbare Sumpfzonen mit Wasser- und Uferpflanzen an.
Verzichten Sie auf Zierfische wie Goldfische oder Kois. Nur dann können sich die Larven der Libellen und anderer Insekten zu adulten Tieren entwickeln. Sie brauchen dazu mindestens ein Jahr.

Wasser bringt Leben

Wie kommt Leben in den Gartenteich? Ganz einfach. Holen Sie ein Paar Liter Wasser aus einem nahen natürlichen Gewässer und geben Sie sie in den Teich. In diesem Wasser sind Wasserflöhe, Hüpferlingen und andere Planktontiere, die sich rasch in Ihrem Teich ausbreiten.

DACHBEGRÜNUNG

Auf Grundstücken gibt es meist viele flachen Dächer, etwa die von Gartenhaus, Laube, Garage oder das Hausdach selbst. Diese toten Flächen können Sie in lebendige Naturräume verwandeln. Das bietet Insekten und Vögeln einen sonnigen Lebensraum mit Nahrungsquellen und wirkt zudem noch als Luftreiniger und Isolierung. Lassen Sie zuerst von einem Fachmann die Stabilität und Statik des Bauwerks prüfen: Eine extensive Dachbegrünung wiegt bis zu 150 kg/m², dazu kommt das Wasser nach Regengüssen. Ist das Dach dicht, nicht zu stark geneigt und tragfähig, können Sie es begrünen: Über einem Aufbau aus Speichermatte, Dränage und Filterschicht wachsen im mageren Spezialsubstrat Mauerpfeffer und Hauswurz, auch Echter Dost, Felsennelke, Thymian und Kartäuser-Nelke sind geeignet.

NISTSTEINE IN FASSADEN

Hohlräume hinter der Fassade, in Dachstühlen und Nischen am Haus sind beliebte Nistplätze für Stare, Spatzen, Mauersegler, Wespen und Hornissen sowie Fledermausquartiere. Doch wegen Isolierungsmaßnahmen gibt es solche geschützten Plätze kaum noch. Sie können jedoch Nistraum schaffen, indem sie sogenannte Niststeine und Nistkästen in die Fassade einbauen (→ Seite 152).

NETZWERK-PARTNER WILDBIENE

DAS SIND WILDBIENEN

- Wissenschaftlicher Name: Apiformes
- Klasse Insekten, Ordnung Hautflügler (Hymenoptera), Unterordnung Taillenwespen (Apocrita), Überfamilie Apoidea, zahlreiche Familien
- Körperlänge: 2–30 mm
- Auftreten: Februar bis November

In Mitteleuropa leben über 560 verschiedene Arten von Wildbienen. Zu ihnen gehören auch die rund 40 verschiedenen Hummelarten, die einzigen staatenbildenden unter den Wildbienen. Ein Viertel der Wildbienenarten sind sogenannte Kuckucksbienen, die ihre Eier in die Brutzellen anderer Wildbienenarten legen. Alle übrigen Wildbienen bezeichnet man als Solitärbienen: Nach der Paarung bauen die Weibchen viele einzelne Brutzellen, die sie vor allem mit Pollen füllen und mit je einem Ei belegen.

Wo und wie diese Brutzellen angelegt werden, ist unglaublich vielfältig. Viele Wildbienenarten nutzen Stellen im weichen Sand dafür, andere belegen abgestorbene Pflanzenstängel von Königskerze, Holunder oder Brombeeren oder beißen tiefe Löcher in abgestorbenes, aber noch hartes Holz von Obstbäumen. Viele Wildbienen besuchen auf ihren Pollensammelflügen nur ganz spezielle Blüten, andere ernten an allen Blüten. Im Garten können Sie einige Wildbienen regelmäßig antreffen und durch den Bau von Nisthilfen fördern.

Die Blüten des Herzgespanns sind eine beliebte Nektartankstelle für die Männchen der Garten-Wollbiene.

Die Große Wollbiene sammelt Härchen des Woll-Ziests. Mit dieser Pflanzenwolle verschließt sie den Eingang der Brutzelle.

Weil Wildbienen nicht so weit fliegen wie Honigbienen, brauchen sie Futterpflanzen und Nistplätze plus Materialien für ihre Brutzellen (Lehm, Blütenblätter oder Harz) im Umkreis von 50–300 m – also idealerweise alles in Ihrem Garten.

Beispiel: Netzwerk der Garten-Wollbiene

Die 12–18 mm lange, wespenähnlich gefärbte heimische Garten-Wollbiene *(Anthidium manicatum)* fliegt von Mitte Juni bis Oktober. Ihr Netzwerk:

- Als Pollenquelle Blüten von verschiedenen Lippenblütlern wie Ziest, Salbei, Gamander, Taubnessel, Hohlzahn, Herzgespann, Zitronen-Melisse, Schmetterlingsblütlern wie Hornklee, Kronwicke, Hauhechel, Luzerne und Wegerichgewächsen wie Fingerhut, Leinkraut und Löwenmaul
- Hohlräume, Spalten und Löcher im Erdboden, in Fels-, Löss- und Lehmwänden, alten Balken und Pfosten, gelockertem Mauerwerk und verlassenen Pelzbienennestern als Nistplätze für die Brutzellen
- Abgeschabte Pflanzenhaare von stark behaarten Pflanzen (Woll-Ziest, Deutscher Ziest, Kranz-Lichtnelke, Strohblume, Quitten, Flugsamen von Pappeln) zum Bau der Brutzellen
- Drüsensekret von verschiedenen Blüten von Korbblütlern wie Geflecktem Habichtskraut, Grünem Pippau und Bitterkraut, im Garten auch von Pelargonien. Die Sekrete werden auf der Außenseite der wattebauschähnlichen Brutzellen aufgetragen
- Erdbröckchen, Steinchen, Holzstückchen, dürre Blättchen, Halmstücke und Schneckenhäuschen zum Ausfüllen der restlichen Hohlräume des Nistplatzes um die Brutzellen

All diese Dinge braucht die – noch recht häufige – Garten-Wollbiene zum Leben, und Sie können sie in Ihrem Garten anbieten. Wo es eines davon nicht gibt, kann sie nicht existieren. Dabei gehört sie eher zu den Generalisten, da sie verschiedene Nahrungspflanzen, Nistmöglichkeiten und Baumaterialien akzeptiert. Spezialisten unter den Wildbienen nehmen dagegen jeweils nur ein oder zwei ganz bestimmte Pflanzen oder Komponenten an.

Der Pippau liefert ein Sekret, das Wildbienen auf die Außenseite ihrer Brutzellen auftragen.

PFLANZEN SIND SENSIBLE LEBEWESEN

Pflanzen bewegen sich nicht und drücken sich nicht durch Laute aus. Doch sind sie Lebewesen wie Menschen und Tiere. Zeit, sie nicht nur als grüne Kulisse zu sehen, sondern als vollwertige Mitglieder im Netzwerk Natur.

Lange Zeit glaubte man, nur Menschen und Tiere würden miteinander kommunizieren und sich über Töne, Laute, Gesänge, verbale und nonverbale Sprache austauschen. Heute wissen wir: Auch die Pflanzen kommunizieren miteinander, und zwar sowohl im Boden als auch über die Luft. Im Boden sind die Pflanzen über ihre Wurzeln innig miteinander vernetzt. Über dieses Wurzelnetzwerk tauschen sie sich mithilfe von chemischen Substanzen und elektrischen Signalen aus. Sie erkennen genau, welche Pflanzen neben ihnen wachsen und ob diese gesund oder krank sind. Über chemische Substanzen warnen sich Pflanzen gegenseitig vor Fressfeinden und sie rufen mit Duftstoffen auch die Feinde der Schädlinge herbei. Und da Pflanzen am abgesonderten Speichel genau unterscheiden können, ob eine Raupe, eine Milbe oder aber eine Gartenschere sie schädigt, können sie gezielt die betreffenden Insekten und Raubmilben anlocken, die sie bei der Abwehr unterstützen. Forscher kennen mittlerweile über 2000 verschiedene chemische Substanzen, mit denen Pflanzen untereinander und mit Tieren kommunizieren. Bei dieser Kommunikation spielt auch das unterirdische Pilzgeflecht (Myzel) der Mykorrhizapartner eine wichtige Rolle – und das fehlt im gestörten Boden. Darum ist ein gesunder, intakter Boden ohne zu viel Stickstoff und andere überschüssige Nährstoffe für das Leben und die Gesundheit der Pflanzen so wichtig. Im Netzwerk der Pilze, Pflanzen, Tiere und Menschen spielt es eben eine große Rolle, wie es jedem einzelnen Netzwerkpartner geht. Wird ein Teil des Netzwerks krank oder fällt es sogar aus, so trifft es alle – also letztlich auch uns Menschen.

Pflanzen ticken anders – Forscher finden seit Jahren Spannendes über unsere grünen Mitbewohner heraus.

PFLANZEN KÖNNEN HÖREN

Wie alle Pflanzen können auch Gartenpflanzen »hören«: Sie nehmen beispielsweise die Schwingungen von Flügelschlägen wahr und erkennen daran, ob sich der Blüte eine Biene oder ein Käfer nähert. Ist es ein bestäubendes Insekt, so erhöhen die Pflanzen den Zuckergehalt im Nektar, um noch attraktiver für die Blütenbesucher zu werden. Pflanzen nehmen sogar wahr, ob der Blütenbe-

Berührungen haben auch bei Pflanzen eine positive Wirkung: Sie stärken ihre Widerstandkraft.

stäuber mit Pollen beladen ist oder nicht – dank der elektrostatischen Ladung der einzelnen Pollenkörner. Im Boden können Pflanzen die verschiedenen Nährstoffe gleichsam »schmecken« – doch das ist nicht alles: Über chemische Botenstoffe locken sie genau die Bodenmikroorganismen an, die daraufhin die an Mineralien oder organische Substanzen gebundenen Nährelemente so aufbereiten, dass die Wurzeln sie aufnehmen können. In einem gesunden Boden kommt es nicht vor, dass Nitrate ins Grundwasser gespült werden.

ZEIT ZUM UMDENKEN

Wir Menschen als vermeintlich intelligente Spezies haben uns jedoch in unserem Tun viel zu lange von Profit, Macht und Kontrolle leiten lassen, statt im Einklang mit unseren Mitgeschöpfen zu agieren. Das gilt auch für den Garten, der mit über 18 Milliarden Euro Umsatz (2019) ein gewaltiger Markt geworden ist. Allzu lange haben sich viele Gärtner verlocken lassen, immer größere, lärmende und viel Energie verbrauchende Geräte anzuschaffen sowie giftige Pflanzenschutzmittel und künstliche Dünger einzusetzen. Dazu kommt noch die riesige Palette neuer hochgezüchteter Pflanzen, die zwar attraktiv, aber ihrer eigentlichen Funktion im Netzwerk der Lebewesen beraubt sind.
Es ist endlich Zeit für einen partnerschaftlichen Umgang mit den Pflanzen: Wenden Sie Ihr Herz den grünen Mitgeschöpfen zu, lernen Sie ihre »Körpersprache« kennen, reden Sie mit ihnen und berühren Sie ihre Blätter, Triebe, Blüten: Auch wenn man es zunächst kaum glauben mag – Pflanzen nehmen solche Berührungen wahr. Haben Sie gewusst, dass Sie durch Streicheln Ihre Pflanzen sogar stärken können? Wiederholte Berührungen bringen Pflanzen dazu, das Phytohormon Jasmonsäure zu bilden, das ihre Immunabwehr gegen schädliche Insekten sowie Pilzkrankheiten anregt.

Rechtzeitig umtopfen

Pflanzen sind sensibel, auch die Wurzeln. Die empfindlichen Wurzelspitzen nehmen jedes Hindernis wahr – ob andere Wurzel, Fels oder die Wand eines Pflanzgefäßes. Über ihr Wurzelwerk erkennen sie auch, wie groß Topf, Kübel oder Kasten ist, in dem sie wachsen. Ist es zu eng, führt dies zu Stress. Topfen Sie Balkon- und Kübelpflanzen deshalb rechtzeitig um.

NATÜRLICHE UNORDNUNG ZULASSEN

Je kleiner der Garten, desto größer mag der Wunsch sein, dass er gepflegt und ordentlich ist. Doch auch bei wenig Fläche gibt es viele Möglichkeiten für natürliche Unordnung – und die kann sogar richtig gut aussehen.

So gut wie nie empfinden wir die Natur als unordentlich: Wir lieben das bunte Durcheinander einer Wiese, empfinden den Heckensaum am Waldrand als harmonisch und die herbstlichen, wuscheligen Samenstände von Geißblatt, Clematis & Co. als ausgesprochen dekorativ. Und niemanden stört es, wenn dort Blätter angefressen sind.

EIN GUTES ZEICHEN: ANGEKNABBERTE BLÄTTER

Ohne Raupen gibt es keine Schmetterlinge. Diese Jugendstadien der hübschen Falter ernähren sich von den Blättern ihrer Futterpflanzen. Dabei hinterlassen sie wie andere blattfressende Insekten und ihre Larven Löcher und andere Fraßspuren. Nehmen Sie solche Spuren gelassen hin und teilen Sie den Garten und seine Pflanzen mit den Tieren. Schließlich entnehmen auch wir – vor allem dem Nutzgarten – jede Menge Pflanzen für unsere Mahlzeiten und hinterlassen deutliche Erntespuren in Garten und Landschaft.
Pflanzen macht das wenig aus. Meist überleben sie es sogar, wenn es etwa durch die Raupen von Gespinstmotten an Traubenkirschen oder Apfelbaum zum Kahlfraß kommt. Schnecken, die sich über Jungpflanzen hermachen, sind ein anderes Thema. Aber auch hier darf man nicht vergessen: Ein übermäßiges Auftreten von Nacktschnecken ist meist ein hausgemachtes Problem (→ Seite 68).

Blattschneiderbienen schneiden mit ihren Mundwerkzeugen Kreise aus Blättern und formen daraus Brutzellen.

VERBLÜHTES STEHEN LASSEN

Räumen Sie Verblühtes und Verwelktes im Herbst nicht ab, sondern lassen Sie es – wie in der Natur – über den Winter stehen. Das ergibt nicht nur wunderbare Gartenbilder im Winter, sondern der Boden dankt es ihnen, weil er geschützt wird, ebenso die Insekten, die einen Unterschlupf in trockenen Stängeln finden sowie Vögel und alle anderen insektenfressenden Gartentiere.

ZUR RICHTIGEN ZEIT: HECKENSCHNITT

Um Verkehrswege wie den Bürgersteig freizuhalten, müssen die Sträucher einer Hecke geschnitten werden. Formschnitthecken bedürfen ebenfalls ei-

Etwa 1 m hoch wird das Schnittgut zu einer sogenannten Benjeshecke aufgeschichtet. In ihr finden Vögel und andere Tiere Schutz. Deren Kot lässt wiederum Pflanzensamen gut wachsen.

nes regelmäßigen Schnitts, damit sie an den Außenseiten dicht bleiben. Da Vögel gern in Sträuchern ihre Nester anlegen und ihren Nachwuchs aufziehen, regelt das Bundesnaturschutzgesetz den Zeitraum für alle Schnittmaßnahmen: Es verbietet den Schnitt an Gehölzen während der Brutzeit von 1. März bis zum 30. September.

- Bedenken Sie vor der Anlage einer Formschnitthecke die Pflanzenwahl. Ökologisch um Welten wertvoller als eine Thujahecke ist eine Hecke aus schnittverträglichen Laubsträuchern wie Echte Berberitze *(Berberis vulgaris)*, Weißdorn *(Crataegus)*, Liguster *(Ligustrum vulgare)*, Sal-Weide *(Salix caprea)* und Gemeine Eibe *(Taxus baccata)*. Auch Bäume wie Feld-Ahorn, Hainbuche oder Rot-Buche bieten sich an. Die Hainbuche hat sogar den Vorteil, dass sie rund ums Jahr blickdicht ist, weil ihr vertrocknetes Laub den Winter über am Geäst hängen bleibt.
- Damit Heckensträucher den Vögeln nicht nur Deckung und Nistplätze, sondern auch Nahrung bieten, sollten Sie Schnittmaßnahmen gut überdenken: Vielleicht genügt es ja, wenn Sie nur die Außenseite der Formschnitthecke zurückschneiden und die Innenseite auf Ihrem Grundstück ungeschnitten wachsen lassen. So können die Sträucher wenigstens auf der Garteninnenseite blühen und Samen sowie Früchte bilden.

Die Benjeshecke

Schichten Sie Schnittgut zu einem lockeren Reisighaufen auf, statt es zu schredern, als Lebensraum für Igel, Kröten, Blindschleiche, Mauswiesel und viele andere Kleintiere. Noch besser: Schichten Sie es auf einer Länge von mindestens 4 m etwa 1 m hoch und 2–4 m breit zu einer sogenannten Benjeshecke auf. Sie bildet bald einen eigenen Lebensraum.

NÜTZLICHES HERBSTLAUB

Die herabfallenden Blätter von Bäumen und Sträuchern sind viel zu kostbar, um sie achtlos aufzusaugen. Wenn Falllaub über kommunale Einrichtungen entsorgt wird, entziehen Sie dem Nährstoffkreislauf Ihres Gartens wertvolles Pflanzenmaterial. Verfahren Sie stattdessen lieber nach dem Prinzip der Natur: Dort bleibt das Laub über Winter auf dem Boden liegen und wird nach und nach von Mikroorganismen und Bodenlebewesen

Auf dieser Terrasse hat sich zwischen den Fugen der alten Steinplatten ein reiches Blumenleben angesiedelt.

wie Regenwürmer abgebaut (→ Seite 38). Die trockenen Blätter dienen den Bodenorganismen nicht nur als Nahrung, sondern schützen den Boden auch vor Wetterunbill.

- Lassen Sie also das Herbstlaub als natürlichen Wertstoff im Garten: Es kann überall liegen bleiben, nur falls Sie noch einen Zierrasen haben, sollten Sie es dort zusammenrechen, um Pilzerkrankungen vorzubeugen. Auch in den Gartenteich gehört kein herabfallendes Laub. Es sinkt auf den Grund und vermodert dort unter Sauerstoffverbrauch. Ein zur Zeit des Laubfalls über den Teich gespanntes Netz verhindert das. Doch auch dieses Laub wird nicht entsorgt, sondern in den Nährstoffkreislauf zurückgeführt.
- Verteilen Sie solches Falllaub als Mulchschicht, die vor Frost schützt, und als Flächenkompostierung unter Sträuchern und auf Beeten. Geben Sie eine dünne Schicht Erde darüber, damit das Laub nicht weggeweht wird. Sie können Falllaub auch dem Kompost zuführen oder es im Frühbeetkasten unter die Erde mischen.
- Unter großen Bäumen lassen Sie das Laub einfach wie in der Natur liegen und tragen einen Teil davon an ein paar Stellen zu großen Laubhaufen für Igel zusammen. Diese müssen mindestens bis zum April liegen bleiben, solange hält der kleine Insektenfresser Winterschlaf und darf nicht gestört werden.

Bei einem Punkt hat die Liebe zur natürlichen Ordnung jedoch Grenzen. Kranke Blätter und Triebe wie zum Beispiel das von Schorf befallene Laub von Apfel- und Birnbäumen entfernen Sie und geben es in die Mülltonne.

BLÜHENDE FUGEN

Statt mit viel Mühe auf Hof und Terrasse, Wegen oder Treppen den Pflanzenbewuchs aus den Fugen zwischen den Steinen zu kratzen, bepflanzen Sie diese besser mit trittfesten Blumen. Dazu legen Sie die dicht verfüllten Fugen mindestens 1 cm tief frei. Dann geben Sie die mit reichlich Sand vermischten Samen in die offenen Fugen. Oder Sie setzen gut durchwurzelte Jungpflanzen. Gut angießen. Die Pflanzen samen sich später selbst aus und verbreiten sich mit der Zeit über die Fläche. Wenn Sie Hof oder Terrasse neu anlegen, mischen Sie die Blumensamen unter den Sand und geben die Mischung gleich beim Verlegen der Steinplatten oder Pflastersteine in die Fugen.

Pflanzen für Fugen

Diese Pflanzen blühen zwischen Fugen: Gänseblümchen *(Bellis perennis)*, Glockenblumen *(Campanula)*, Steinbrech-Felsennelke *(Petrorhagia saxifraga)*, Frühlings-Fingerkraut *(Potentilla verna)*, Scharfer Mauerpfeffer *(Sedum acre)*, Weißer Mauerpfeffer *(Sedum album)*, Thymian (*Thymus*, viele Arten und Sorten, duftend!); für feuchte, schattige Ecken Sternmoos *(Sagina subulata)*. In Fugen gedeihen auch kleine Zwiebelpflanzen wie Winterlinge, Krokus, Hasenglöckchen, Traubenhyazinthe und Blaustern.

In den Randbereichen von Hof und Terrasse dürfen diese Blumen ruhig ungestört wachsen. Am Rand von Terrasse, Hof und Sitzplatz können Sie auch einzelne Steinplatten entfernen und diese Kleinflächen bepflanzen. An Stellen, über die man regelmäßig geht oder an denen man sich aufhält, halten Sie die Pflanzen durch Schnitt kurz, z. B. mit dem Rasenmäher.

MAUERN & CO. BEGRÜNEN

Mauern, Gabionen und Zäune wirken oft öde und leblos. Mit Pflanzen können Sie diese Bereiche auf vielerlei Weise optisch aufwerten und beleben.

- Einjährige Rankpflanzen wachsen schnell und blühen rasch. Weil sie bei den ersten Frösten eingehen, müssen Sie sie jedes Jahr neu aussäen.
- Mehrjährige Rank- und Kletterpflanzen wachsen nach und nach über die ganze Fläche. Stauden treiben jedes Jahr aus, Gehölze bedecken mit ihrem Geäst auch im Winter Mauern & Co. (Noch mehr Klettergehölze, darunter der ökologisch wertvolle Efeu, finden Sie auf Seite 110).

Wichtig ist für alle Rank- und Kletterpflanzen – außer dem selbstklimmenden Efeu – ein ausreichend stabiles Rank- und Klettergerüst!

MAUERFUSS UND MAUERKRONE BEPFLANZEN

Den Fuß von Mauern, Wänden und Gabionen verschönern trockenheitsverträgliche Stauden. Sie eignen sich auch für die Mauerkrone und als Dachbegrünung. Dazu setzen Sie die Pflanzen in die Erde hinter der Oberkante der Mauer. Geeignet sind Alpen-Akelei *(Aquilegia alpina)*, Alpen-Aster *(Aster alpinus)*, Mauerkissen *(Aubrieta deltoidea)*, Kleinblütige Bergminze (Steinquendel, *Calamintha nepeta*), Dalmatiner-Glockenblume *(Campanula portenschlagiana)*, Mauer-Zimbelkraut *(Cymbalaria muralis)*, Steppen-Wolfsmilch *(Euphorbia seguieriana)*, Ysop *(Hyssopus officinalis)*, Berg-Bohnenkraut *(Satureja montana)*, Feld-Thymian *(Thymus pulegioides)*, Sand-Thymian *(Thymus serpyllum)* und Liegender Ehrenpreis *(Veronica prostratra)*.

Oben: Wilder Wein taucht im Herbst die Wand in ein Farbenmeer. Unten: Die Breitblättrige Platterbse *(Lathyrus latifolia)* erklimmt einen Zaun.

GEMEINSAM IST MEHR ALS 1+1

GÄRTEN: PUZZLETEILE IM NATURNETZWERK

MITEINANDER GÄRTNERN

Ihr Garten besteht aus zahlreichen Netzwerken. Er ist mit den Gärten der Umgebung vernetzt und ein Baustein im Netzwerk der Natur. Zu diesem Netzwerk gehören auch Sie – zusammen mit vielen anderen Gärtnern.

Ein Luftbild Ihrer Heimat, wie Sie es leicht im Internet anschauen können, verrät viel: Es zeigt die Siedlungen und Industriegebiete, in denen wir leben und arbeiten und die durch Straßen miteinander verbunden sind. Es zeigt die Autobahnen, die das Land zerteilen, die landwirtschaftlichen Flächen aus Feldern, Äckern und Wiesen, die Forste, Wälder, Flüsse, Seen und Berge. Das Luftbild zeigt Ihnen beim Zoomen auch die Grüngebiete Ihrer Gemeinde oder Stadt – in den Innenstädten sind dies vor allen Dingen die Grünanlagen, Alleen und Parks, in den Vorstädten und Gemeinden die Gärten. Wenn Sie nun beim Blick von oben Ihre Augen ein bisschen zusammenkneifen, erkennen Sie, dass das Grün der Siedlungen mit dem Grün rundherum ein großes Adernetz bildet. Dieses Netzwerk können Tiere und Pflanzen nutzen, um sich entlang der »Adern« zu bewegen, sich zu begegnen und fortzupflanzen. Dieser Austausch ist notwendig, damit Tiere und Pflanzen eine Überlebenschance haben in einer Landschaft, die durch Zersiedelung in viele Inseln zerfällt (→ Seite 16).
Wenn Sie Ihren Garten im Sinne dieses großen Netzwerks bestellen, tragen Sie dazu bei, dass sich über das ganze Land wieder ein dichtes Netzwerk für Wildpflanzen und Wildtiere erstreckt, das mit unserem Siedlungsnetz eng verwoben ist.

DER VERLORENE BEZUG ZUR NATUR

Überall zeigt unser Handeln, dass viele Menschen den Bezug zur Natur und auch zum Gärtnern verloren haben, auch das Wissen um die Zusammenhänge in der Natur und das Zusammenspiel zwischen Pflanzen und Tieren. Für diese Entwicklung gibt es zahlreiche Gründe:
Da ist zum einen unsere urbanisierte Gesellschaft: 2019 lebten 77,4 % der deutschen Bevölkerung in Städten und Ballungszentren, nur 15 % in Dörfern mit weniger als 5000 Einwohnern. Im Jahr 2003 lag der Anteil der ländlichen Bevölkerung noch bei 18,7 %, in den 1970er-Jahren bei rund 27 %. In Städten und Ballungsgebieten ist die Natur fern, dort ist es kaum möglich, tagtäglich und nebenbei die Natur zu erleben. In die Natur zu gehen bedeutet immer eine längere Fahrt über die Stadtgrenzen hinaus. Auch hat man in Städten und Ballungszentren seltener einen Garten direkt am Haus als auf dem Land. Und Parks sind kein Ersatz für ein ländliches, naturnahes Leben.
In Super- und auf Wochenmärkten gibt es das ganze Jahr über ein großes Angebot an Gemüsen, Kräutern, Früchten, Kartoffeln und ähnlichen Nahrungsmitteln zu günstigen Preisen. Darum besteht vor allem in städtischen Gebieten nur wenig Anreiz, Grünes für die Küche im eigenen Garten anzubauen. Dieser Trend wird unterstützt durch die Vielfalt aufbereiteter Lebensmittel von Tomaten aus der Dose bis zu Fertiggerichten – wo Speisen nicht selbst zubereitet werden, ist der Bedarf an Frischem geringer. Doch weil Testberichte immer wieder aufdecken, dass Obst und Gemüse aus der industrialisierten Landwirtschaft oft mit Pestiziden belastet sind, gibt es inzwischen nicht nur einen starken Trend zu biologischer Ware, son-

In vielen Städten entstehen Gemeinschaftsgärten. Wenn es bei Ihnen noch keinen gibt, steht einer Gründung nichts im Weg. Begegnen sich dort Menschen verschiedener Kulturen, erweitert sich nicht nur das gärtnerische Wissen, sondern auch das kulinarische.

dern auch zum Selberanbauen: Gärtnern auf dem Balkon, Mietgartenbeete und Urban-Gardening-Projekte beweisen, dass ein Umschwung im Gang ist. Doch viele Menschen gärtnern dann zum ersten Mal und beginnen fast bei null: Denn durch die Entwicklung weg von der Großfamilie hin zur Kleinfamilie wurde das Wissen über das Gärtnern, die Zusammenhänge der Natur und das Wetter nicht mehr von Großeltern an Eltern und Kinder weitergegeben. Dass dieses Wissen heute wieder gefragt ist, zeigt sich unter anderem in den Lehrplänen der Grundschulen: Dort spielen Naturthemen wieder eine wichtige Rolle.

DIE NATUR NEU KENNENLERNEN

Wenn auch Sie den Wunsch nach mehr Wissen um die natürlichen Zusammenhänge verspüren, möchte ich Ihnen ein paar Anregungen geben, wie Sie den Bezug zur Natur wiederfinden können:

- Bieten Sie Vögeln im Garten das ganze Jahr Vogelfutter an oder pflanzen Sie Sträucher und Blumen, die Nahrung bieten. So können Sie viele heimische Vogelarten kennenlernen. Vielleicht bekommen Sie auch Lust aufzuschreiben, welche Vögel in Ihrem Garten brüten, welche regelmäßig auftauchen und welche seltene Gäste sind.
- Interessante Beobachtungen bieten auch Insekten: Der Siebenpunkt-Marienkäfer gehört deshalb zu den bekanntesten heimischen Käfern, weil er in jedem Naturführer über Tiere oder Insekten zu finden ist. Dies erweckt den Eindruck, als ob es bei uns nur diese Art sowie den eher unbeliebten Neuzuwanderer, den Asiatischen Harlekinmarienkäfer, gäbe. Doch weit gefehlt: Bei uns sind rund 80 weitere Marienkäferarten heimisch! Dazu zählen nicht nur läusefressende wie Zweipunkt-, Zehnpunkt-, Vierzehnpunkt-, Augen-, Flach-, Trockenrasen-, Zwerg- und andere Marienkäfer, sondern auch die Mehltau verzehrenden Marienkäfer wie 22-Punkt- oder 16-fleckige Pilzmarienkäfer. Mit diesem Wissen und der Wahrnehmung, dass Sie schon viele Jahre lang keine andere Marienkäferart mehr gesehen haben, wird plötzlich klar, wie viele Arten verschwunden sind. Dies gilt auch für alle anderen Insektengruppen: Erinnern Sie sich noch, wie viele Heuschrecken vor Jahrzehnten bei jedem Schritt über eine Wiese vor Ihren Füßen aufgehüpft sind? Besuchen Sie ein Naturkundemuseum, lassen Sie sich beeindrucken von der Vielfalt und Vielzahl an verschiedenen Insekten, die vor 20 Jahren bei uns noch häufig waren.
- Beschäftigen Sie sich mit dem phänologischen Kalender, der die Jahreszeiten anhand verschiedener Vegetationsphasen in zehn Jahreszeiten einteilt – in Vorfrühling, Erst- und Vollfrühling,

in Früh-, Hoch- und Spätsommer, in Früh-, Voll- und Spätherbst und Winter. Jede dieser Vegetationsphasen beginnt und endet mit deutlichen Zeichen in der Natur. Der Vorfrühling etwa beginnt mit der Blüte von Hasel und Schneeglöckchen, der Erstfrühling mit dem Blühen der Forsythie und der Vollfrühling mit der Blüte der Apfelbäume und Rosskastanien. Bauern haben sich jahrhundertelang an diesen Zeichen der Natur orientiert. Auch beim Gärtnern geben sie wichtige Hinweise. Wenn Sie immer wieder auf diese Zeichen achten, werden Ihnen nach und nach die Natur-Zyklen wieder vertrauter.

Mit dem Wahrnehmen der Tiere und Pflanzen, der natürlichen Zyklen der Natur und dem Zusammenspiel der Tiere und Pflanzen ergibt sich eine neue Haltung, eine Haltung von Achtung und Ehrfurcht: Wenn man sein Herz geöffnet hat für die einzigartige Schönheit der Geschöpfe, tut es einem in der Seele weh, wenn diese zerstört werden. Vielleicht spürt man dann beim Anblick der Samen an den Halmen und Stängeln, die mit einem einzigen Mähen vernichtet werden, welchen Verlust dies für Stieglitze und Finken bedeutet. Dann fällt es beim nächsten Mal schwerer, diese Halme aus purem Drang nach Ordnung abzumähen.

GEMEINSAM GÄRTNERN STÄRKT DAS NATURNETZWERK

Weil wir soziale Wesen sind, macht das Gärtnern zusammen mit anderen viel mehr Freude. Außerdem werden die positiven Auswirkungen auf das Ganze mit jedem, der beim »Gärtnern für die Zukunft« mitmacht, größer. So verwandelt sich nach und nach jeder Garten im großen Adernetzwerk der Siedlungen zu einem Hotspot, in dem heimische Pflanzen und Tiere angemessen Platz haben und vielfältige Lebensräume finden.

»Netzwerkgärtnern« Sie also im doppelten Sinn: Zum einen so, dass der Garten tatsächlich Teil des NaturNetzwerks wird und bleibt, zum anderen so, dass Sie sich mit anderen Menschen vernetzen und gemeinsam den heimischen Pflanzen und Tieren einen Platz geben.

Im Garten erleben Sie hautnah und tagtäglich die großen Rhythmen der Natur. Dazu genügt es, mit wachem Blick und Herz im Garten zu sein.

DOPPELTE FREUDE: GÄRTNERN MIT DEN NACHBARN

Machen Sie mit Ihren Gartennachbarn gemeinsame Sache. Vielleicht pflanzen Sie miteinander eine Hecke oder Sie legen zusammen eine Wiese an. So vervielfältigen sich die positiven Effekte auf die Natur.

Vielleicht tauschen Sie sich ja schon regelmäßig über alles rund ums Gärtnern mit Ihren Nachbarn aus. Wenn nicht, ist es höchste Zeit für einen Blick und ein paar Worte über den Zaun. Denn gemeinsam können Sie viel mehr für die heimische Tier- und Pflanzenwelt tun als alleine.

Ein schlankes Obstspalier bildet die Grenze zwischen zwei Nachbargärten. Geerntet wird von beiden Seiten.

GARTENGRENZEN GEMEINSAM GESTALTEN

Gärten haben rundherum Grenzen – meist zu den Gärten der Nachbarn, aber auch zur Straße und zu Gehwegen hin, zu öffentlichen Grünanlagen und Parks, zu Wiesen und Feldern. Für die Gestaltung dieser Grenzen gelten gesetzliche Bestimmungen, wie beispielsweise die Abstände von Bäumen und Sträuchern zum Nachbargrundstück – gerade bei kleinen Grundstücken schränkt dies die Gestaltungsmöglichkeiten stark ein. Das Problem können Sie jedoch umgehen, indem Sie die Grundstücksgrenze gemeinsam mit Ihren Nachbarn gestalten. Das sieht oft nicht nur besser aus, sondern Sie können die Grenzen dadurch ökologisch aufwerten.

- Wenn Sie zum Beispiel mit Ihrem Nachbarn heimische Wildsträucher anstatt in einer Reihe an der Grenze entlang versetzt in zwei Reihen pflanzen, entsteht ein dichtes Gebüsch, in dem Vögel nisten sowie Nahrung und Zuflucht finden.
- Eine andere Lösung ist eine Reihe mit Apfel- und anderen Obstbäumen: Sie versorgt Bienen nicht nur mit Futter, sondern bringt bei geteilter Pflegearbeit doppelte Freude beim gemeinsamen Ernten.
- Auf Ihrem eigenen Grundstück bliebe eine Wildblumenwiese vielleicht recht klein. Wenn sie sich jedoch an der Grenze entlang über beide Grund-

Einmal im Jahr öffnen sich die Pforten vieler Gärten für Besucher. Bei einem Rundgang durch verschiedene Gärten bekommen Sie viele neue Eindrücke.

stücke ausbreiten darf, bietet sie gleich doppelt so vielen Insekten Nahrung und Lebensraum. Ein Mähstreifen führt zu einer Sitzgelegenheit, an der sich die Nachbarn treffen können.

- Sogar einen Gartenteich – Mindestgröße 6 m^2 – können Sie gemeinsam über die Grundstücksgrenze hinweg anlegen, sodass beide Nachbarn – und erst recht die Tierwelt – etwas davon haben.
- Gibt es einen großen Baum nahe der Gartengrenze? Dann könnten Sie in seinem Schatten eine Bank aufstellen – so wie es früher in Dörfern eine Sitzbank unterm Dorfbaum gab. Hier können Sie mit den Nachbarn neue Gartenpläne schmieden – oder ganz einfach den Feierabend genießen.

Bei größeren Gartenaktionen wie dem Bau eines Gartenteichs, der Neuanlage eines Gartenbereichs dem Schnitt von Obstbäumen oder der Obsternte können Sie das Nützliche gleich mit dem Angenehmen verbinden. Laden Sie zu diesen Arbeiten Nachbarn und Freunde ein: Zuerst wird gemeinsam gearbeitet, danach an einer langen Tafel im Garten gespeist und gefeiert.

Miteinander teilen

Muss jeder alle Gartengeräte selbst besitzen? Oder könnte man nicht den Rasenmäher, den Wasserschlauchwagen und anderes miteinander teilen? Gehen Sie Ihren Gerätepark durch und überlegen Sie, was Sie auch verleihen würden. Bieten Sie diese Geräte Ihren Nachbarn an. Regen Sie ein Tausch- und Teil-Netzwerk in Ihrer Nachbarschaft an, von dem jeder profitiert.

OFFENE GÄRTEN

Wenn Sie Ihr Garten-Netzwerk noch mehr erweitern und über die direkte Nachbarschaft hinaus ausweiten möchten, sollten Sie Ihren Garten einmal im Jahr an ein oder zwei Tagen für Besucher öffnen. Dieser Einladung zu einem »offenen Garten« folgen meist zahlreiche Gartenfreunde aus der engeren und weiteren Umgebung, die sich bei dieser Gelegenheit wertvolle neue Anregungen für ihren Garten holen. Von einem solchen Austausch profitieren alle Seiten. Nehmen Sie auch selbst das Angebot anderer Gärtner zu solchen Gartenbesuchen wahr. Die Termine solcher Veranstaltungen finden Sie meist im Internet (→ Seite 152).

EINE TAUSCH-BÖRSE PLANEN

DAS BRAUCHEN SIE

- Spaten zum Teilen von Stauden und Gräsern
- Zeitungspapier, um die Wurzelballen einzupacken
- Tische
- Notizpapier und Stifte

Stauden und Gräser wachsen und werden jedes Jahr größer. Fast jeder Gärtner findet das wunderbar, wenn er sie gerade gepflanzt hat, so schließen sich die Lücken zwischen den Pflanzen rasch. Doch irgendwann wird es eng im Beet, manchmal verkahlen die Pflanzen sogar. Dann ist es Zeit, Stauden und Gräserhorste zu teilen. Dies tut den Pflanzen auch gut, denn es hält sie blühfreudig und fit. Im Frühjahr teilt man im Sommer und Herbst blühende Stauden, im Herbst Stauden, die im Frühjahr oder Frühsommer blühen.

Richtig teilen

Beim Teilen stechen Sie mit dem Spaten den Wurzelballen rundherum großzügig aus und heben ihn aus dem Boden. Entfernen Sie vertrocknete und schwache Wurzelteile. Dann teilen Sie den Ballen mit einem Spaten oder großen Messer. Lockeres Wurzelwerk kann man einfach mit den Händen in zwei oder mehr mindestens handgroße Stücke zerteilen. Ein oder zwei setzen Sie vielleicht gleich wieder ein. Überzählige verschenken Sie oder Sie laden zu einem Tauschmarkt ein.

Stauden breiten sich gern aus, irgendwann ist es zu eng im Beet: Durch Teilen schenken Sie sich und anderen Freude.

Auch Ableger, Stecklinge, Jungpflanzen und viele andere mehr werden bei der Tauschbörse angeboten.

Tauschmarkt organisieren

Ein Tauschmarkt dient nicht nur dazu, überschüssige Pflanzen abzugeben oder neue zu finden, sondern ist auch eine gute Gelegenheit, Freunde und Nachbarn zu treffen und neue kennenzulernen. Für einen größeren Tauschmarkt, auf dem mehrere Gärtner Pflanzen anbieten, bedarf es etwas Organisation. Im Idealfall stellen Sie Ihren Garten dafür zur Verfügung.

- Fragen Sie die in Ihrem näheren Umfeld, wer beim Tauschmarkt mitmachen möchte. Tun Sie dies rechtzeitig, damit genug Zeit ist, sich im Garten nach zu großen Pflanzen umzusehen und sie zu teilen.
- Legen Sie gemeinsam einen Termin fest. Dazu wählen Sie am besten den Tag oder Folgetag, an dem Sie und Ihre Mitgärtner die Horste teilen – dann sind diese noch ganz frisch und unversehrt. Meist empfiehlt sich ein Samstag. Die meisten Gärtner haben dann Zeit, die neuen Pflanzen gleich im Garten einzusetzen.
- Ungefähr zwei Wochen vor dem Termin informieren Sie Nachbarn und Freunde im weiteren Umfeld – entweder bei Begegnungen im Alltag oder bei einem kleinen Rundgang, bei dem Sie auch Flyer – mit Datum sowie Beginn und Ende der Veranstaltung – verteilen können. Am einfachsten können Sie den Termin online über ein Nachbarschafts-Netzwerk verbreiten, dort erreichen Sie auch sehr viele Nachbarn, die Sie noch nicht kennen.
- Am Tag der Tauschbörse laden Plakate am Gartenzaun oder Tor die Besucher – auch zufällige Passanten – ein.

Sorgen Sie für genügend Tische, auf denen die Anbieter die Stauden und Gräserhorste auslegen können – die Wurzelballen gut in Zeitungspapier eingewickelt. Wichtig: Ein Zettel nennt den Namen jeder Pflanze, möglichst auch den nötigen Standort. Ein Foto vom Vorjahr, das die Pflanze blühend zeigt, hilft Interessenten zu entscheiden, ob sie die Pflanze möchten oder nicht. Natürlich dürfen Sie und Ihre Mitgärtner bei der Tauschbörse auch selbst gesammelte Samen oder selbst gezogene Jungpflanzen sowie überzählige Gartengeräte, Werkzeuge, Töpfe, Selbstgemachtes und anderes anbieten.

Pflanzen sind ein gutes Gesprächsthema. Hier werden mancher Tipp und manch geheimes Wissen ausgetauscht.

PROJEKTE ÜBER DEN GARTENZAUN HINAUS

Die Möglichkeiten, das Netzwerk der Natur wieder dichter zu knüpfen, enden nicht am Gartenzaun. Selbst wenn Sie keinen Garten haben, gibt es viele Projekte, bei denen Sie sich engagieren können.

Reicht Ihnen Ihr Garten als Beitrag zum Artenerhalt nicht aus? Oder haben Sie keinen Garten? Kein Problem – es gibt mehr als genug Anregungen, der Tier- und Pflanzenwelt auch auf Flächen ein Zuhause zu bieten, die keine Gärten sind.

HÖFE UND HAUSFASSADEN BEGRÜNEN

Innenhöfe lassen sich recht einfach ökologisch aufwerten, indem Sie Mauern, Wände und Fassaden mit Kletterpflanzen begrünen. Selbst eine einzelne mit Pflanzen begrünte Hausfassade ist eine attraktive Alternative zu einer kahlen Mauer.

Die schlichte Wand im Innenhof wurde gemeinsam begrünt: Nun ist sie schön und voller Vogelleben.

Gerade in Innenstädten mit wenig Grün spüren Sie die Vorteile von begrünten Hauswänden deutlich: Die Pflanzen reduzieren Lärm, produzieren Sauerstoff, filtern Feinstaub und andere Partikel aus der Luft und reduzieren im Sommer deutlich die Temperaturen, weil die Pflanzen kühlend wirken. Auch im Innern des Gebäudes wirkt sich eine grüne Fassade günstig aus – im Sommer heizen sich die Räume weniger auf, im Winter wirken die Pflanzen als natürliche Dämmung. Zudem fühlen sich Menschen wohler und gesünder, wenn sie von viel Grün umgeben sind. Ebenso die Tiere: Viele Vögel und Insekten ziehen in das Pflanzendickicht an der Fassade ein – für sie haben Sie einen herrlichen neuen Lebensraum geschaffen.

Zur Begrünung wählen Sie passende Kletterpflanzen. Für die Sonnenseite bieten sich Anemonen-Waldrebe und Wilder Wein an, ebenso Weinreben, die Sie mit den Nachbarn sogar gemeinsam beernten können: Zunächst die Blätter für griechische Vorspeisen, dann die Trauben zum Essen oder Saftpressen. Für Wände im Schatten empfehlen sich das pflegeleichte Wald-Geißblatt mit duftenden Blüten sowie – sofern das Mauerwerk intakt ist – der ökologisch wertvolle Efeu (→ Seite 110). Lassen Sie sich beraten. In Baumschulen oder Gärtnereien vor Ort erhalten Sie regionale Sorten, die für Ihr Klima geeignet sind. Bedenken Sie bei der Planung auch, dass die meisten Kletterpflanzen – außer Efeu und *Parthenocissus*-Arten – ein stabiles Rankgerüst benötigen. Die Pflege selbst ist recht einfach. Sie umfasst regelmäßiges Gießen,

eine Düngergabe im Frühjahr und, wenn nötig, einen Schnitt, um die Fenster freizuhalten.
Viele Gemeinden und Städte unterstützen solche Begrünungsaktionen – erkundigen Sie sich nach Fördermöglichkeiten.

TAUSENDE GÄRTEN – TAUSENDE ARTEN

Biologische Vielfalt in den Gärten, auf Balkonen und Grünflächen durch das Pflanzen von echt einheimischen Wildpflanzen zu fördern ist das Ziel dieses Projekts. Und damit diese Wildpflanzen für jeden in seiner Region erhältlich sind, sind die Gärtnereien und Saatgutbetriebe mit im Boot. So trägt jeder auf einfache Weise dazu bei, die Natur in den Siedlungen zu stärken – so entstehen Lebensräume für heimische Tiere und Pflanzen.

GRÜNFLÄCHEN VOR DEM HAUS

Mit Bäumen, Sträuchern und Stauden bepflanzte Grünflächen auf dem sonst oft kargen Grünstreifen zwischen Haus und Straße sehen nicht nur gut aus, sondern erfüllen auch viele Funktionen. Die Pflanzen filtern die Luft, wirken einer sommerlichen Aufheizung entgehen, senken durch Verdunstungskälte die Lufttemperatur, lassen das Regenwasser versickern und trennen optisch die Fahrbahn von Gehweg und Grundstück. Wenden Sie sich an Stadt oder Gemeinde, wenn Sie solche Flächen selbst anlegen und betreuen möchten. Am pflegeleichtesten sind heimische Wildsträucher wie etwa die schnittverträglichen Wildrosen (→ Seite 107) kombiniert mit insektenfreundlichen Stauden (→ Seite 101, 103). Wildpflanzen-Gärtnereien bieten sogar fertige Pflanzpakete mit ein oder zwei Sträuchern plus passenden Wildblumen online im Versand an (→ Seite 152, Adressen).

Am Straßenrand wachsen saftiges Grün und bunte Blüten – dafür sorgt die Initiative der »Grünpaten«.

Grünfläche auf Sand

Gibt es – z. B. neben einer Einfahrt – einen ungenutzten Platz mit sandigem Boden? Auf solchen Flächen gedeihen wunderschöne heimische Pflanzen, die robust und pflegeleicht sind und mit Trockenheit gut zurechtkommen: Besenginster, Königskerzen, Natternkopf, Saatmohn, Oregano, Grasnelken und Silbergras locken Wildbienen, Schmetterlinge und andere Insekten an. Solche Flächen sind das ganze Jahr über attraktiv – und sehr leicht anzulegen. Anregungen finden Sie unter www.bund-naturschutz.de, Broschüre »Wilde Schönheiten. Naturnahe Gärten auf Sand.«

BLÜHENDE VERKEHRSINSELN

Im Straßennetz entstehen immer mehr Kreisverkehre, die trotz ihrer Insellage für Schmetterlinge, Käfer, Schwebfliegen, Wildbienen und viele andere Insekten ebenso interessant wie für Eidechsen, Kleinsäuger und Vögel. Inselökologen fanden auf Verkehrsinseln eine umso größere Biodiversität, je mehr verschiedene Lebensraumtypen dort angelegt werden – so wie im Garten: Je strukturreicher der Garten ist, umso größer ist die Artenvielfalt.

Naturstreifen am Straßenrand haben sich teils zum Refugium für seltene Tier- und Pflanzenarten entwickelt.

Setzen Sie sich also bei den Kommunen und Verkehrsbehörden dafür ein, dass die Verkehrsinseln rund um Ihr Zuhause mit vielfältigen standortgerechten Wildblumenwiesen, Wildsträuchern und vielleicht sogar mit einem Baum wie einem Feld-Ahorn, Berg-Ahorn oder Weißdorn begrünt werden. Im Idealfall werden diese Inseln noch mit offenen sandigen Flächen, Totholz, Steinhaufen oder einer Trockenmauer angereichert. Wichtig: Die Gestaltung muss sich immer an den landschaftlichen Gegebenheiten und den natürlichen Lebensräumen vor Ort orientieren, damit sie zu einem lebendigen Baustein im Netzwerk der Natur werden.

UNGENUTZTE FLÄCHEN NUTZEN

Aus der Erkenntnis, dass in unserer Landschaft viele Blütenpflanzen, Wildbienen, Schmetterlinge, Vögel und andere Wildtiere selten geworden sind, breitet sich von Rheinland-Pfalz das »Eh-da-Flächen-Projekt« aus. Der seltsame Name ist ganz wörtlich zu verstehen: Eh-da-Flächen sind Flächen, die »eh da« sind – also Areale im Siedlungsraum oder in der freien Landschaft ohne erkennbare wirtschaftliche Nutzung. Das sind zum Beispiel Straßenböschungen und Wegränder, Verkehrsinseln, Bahndämme oder Grünflächen an Bushaltestellen. Obwohl diese Flächen oft klein sind, machen sie 2–6 % der Fläche einer Kulturlandschaft aus. Ökologisch aufgewertet werden aber auch sie als kleine Spots und Verbindungskorridore Teil des großen Naturnetzwerks. Regen Sie – allein oder zusammen mit Nachbarn, Freunden und Gleichgesinnten – bei der Gemeinde an, auf diesen Flächen strukturreiche, vielfältige Lebensräume anzulegen. Auch hierbei ist es wichtig, sich an den landschaftlichen Gegebenheiten und den natürlichen Lebensräumen vor Ort zu orientieren. Solche naturnahen Flächen sind wesentlich nachhaltiger als die oft üblichen Wechselbepflanzungen, zudem kostengünstiger. Alternativ: bewusst brach liegen lassen mit hinweisendem Infoschild!

GEMEINSCHAFTSGÄRTEN

Immer mehr Städte bieten meist öffentlich zugängliche Gemeinschaftsgärten an. Manchmal werden sie auch als interkulturelle Gärten mit Austausch zwischen verschiedenen Kulturen betrieben. Diese Gärten liegen meist im Rahmen von Urban-Gardening-Projekten auf Brach- und Dachflächen. Dort wird eifrig gegärtnert – neben Obst, Gemüse, Salat und Kräutern gedeihen hier Insektenblumen und andere Wildpflanzen. Zusammen gärtnern und sich die Verantwortung für die Kultur und Pflege von Pflanzen teilen, fördert das Miteinander. Hier können Städter gärtnern lernen, meist können sie sich auch mit erfahrenen Gärtnern austauschen. Informationen zu solchen Projekten in ihrer Nähe finden Sie im Internet. Manche Städte haben auch Förderprogramme für Gemeinschaftsgärten mit ökologischem, interkulturellem und gesellschaftlichem Mehrwert.

SCHUL- UND KITAGÄRTEN

Wenn Sie gern gärtnern und Ihr Wissen und Ihre Erfahrung weitergeben möchten, finden Sie in Schulen (vor allem Grundschulen), Kindergärten und Kindertagesstätten ein reiches Betätigungsfeld. In vielen Bildungseinrichtungen gibt es genug Platz und oft auch den Wunsch nach einem Schulgarten, in dem die Kinder regelmäßig selbst aussä-

en, pflanzen, pflegen und ernten können – und nebenbei nicht nur gärtnerische Erfahrungen sammeln, sondern auch lernen, wie Gemüse, Salate, Kräuter und Früchte wachsen, wie und wann man sie erntet, welche Teile man essen kann und wie man sie lecker zubereitet. Zudem erleben sie beim Gärtnern ganz anschaulich die Zyklen der Natur, was gerade für Kinder in einem städtischen Umfeld nicht selbstverständlich ist.
Leider scheitern Schul- oder Kitagartenprojekte oft in der Praxis – einer der Gründe sind die Ferienzeiten, allen voran die sechswöchigen Sommerferien. Nur wenn sich jemand findet, der den Garten in dieser Zeit versorgt, haben die Projekte eine Chance zu überleben. Wenn Sie Lust haben, einen Kindergarten oder eine Schule gärtnerisch zu unterstützen oder dort gar einen neuen Garten anzulegen, nehmen Sie am besten direkt Kontakt auf.

ESSBARE STADT

Andernach, eine kleine Stadt in der Eifel, ist seit 2010 eine »essbare« Stadt. Dort heißt es auf den öffentlichen Flächen statt »Betreten verboten« ausdrücklich »Pflücken erlaubt«: Gemüse, Kräuter, Salate, Beeren und Früchte gedeihen auf den Flächen entlang der alten Stadtmauer. So erleben die Menschen bei ihren täglichen Wegen durch die Stadt hautnah mit, wie sich aus Saatgut und Jungpflanzen Erntereifes für die Küche entwickelt. Daneben gibt es auch Wildblumenwiesen für Insekten – sie ermöglichen es, auch heimische Pflanzen kennenzulernen.
Das Konzept der essbaren Stadt kommt so gut an, dass es mittlerweile in Deutschland über 120 essbare Städte und Gemeinden gibt, in ganz Europa sind es noch mehr. Genauere Informationen finden Sie im Internet (→ Seite 152).

OASEN AUS MENSCHENHAND

Um den rasanten Rückgang der Artenvielfalt zu stoppen, hat der Ornithologe und langjährige Leiter der Vogelwarte Radolfzell Professor Peter Berthold zusammen mit der Sielmann-Stiftung einen bundesweiten Biotopverbund angeregt. Erprobt wurde ein solcher Verbund seit fast 20 Jahren am Bodensee – mit großem Erfolg. Nun sollen bundesweit für die Landwirtschaft wenig ergiebige Flächen renaturiert werden, sodass neue Wohngebiete für Tiere und Pflanzen entstehen – »Jeder Gemeinde ihr Biotop« auf rund 15 % der Gemeindeflächen ist das Ziel. 3000 Renaturierungsmaßnahmen sollen einen deutschlandweiten Biotopverbund und ein Netzwerk an wertvollen Lebensräumen schaffen. Zwischen diesen Biotopen können sich Tiere und Pflanzen vernetzen und stabile Populationen aufbauen. Stellen Sie sich vor, wie dieser Biotopverbund, Ihr Garten und die Gärten Ihrer Nachbarn ineinandergreifen und zusammenwirken: Besser können Sie die heimische Tier- und Pflanzenwelt kaum unterstützen.

Selbst in Innenstädten findet sich auf Schul- und Pausenhöfen oft ein Plätzchen für einen kleinen Schulgarten.

JEDE BLÜTE ZÄHLT – EIN AUSBLICK

Mit einem Blick von oben auf die Erde hat dieses Buch begonnen, mit einem Blick in die Zukunft endet es. Veränderungen sind dringend nötig – fangen Sie in Ihrem Garten an, öffnen Sie ihn für das Netzwerk der Natur.

Die Zeiten sind ungewiss, das spüren wir gerade deutlich. Vermutlich waren sie das schon immer und werden es auch immer sein. Aber nach Jahrzehnten, die sich einigermaßen stabil anfühlten und in denen man ein bisschen voraussehen konnte – oder meinte es zu können –, was und wie es morgen sein könnte, erfahren wir derzeit, dass man nicht weiß, wie die Situation morgen sein wird. Das einzig Gewisse liegt im Jetzt, im momentanen Augenblick. In jedem Augenblick kreieren wir die Zukunft, tragen wir mit unserem Denken und Handeln dazu bei, was in Zukunft sein wird – persönlich, aber auch im Kollektiv, im kleinen Umfeld unseres Gartens, aber auch im großen Netzwerk der Natur. Jeder von uns ist ein Teil des Ganzen, jeder trägt zum Ganzen bei. Denn alles ist mit allem verbunden und alles, was wir tun – oder auch nicht tun –, wirkt sich letztendlich auf alles aus.

Ein Platz für den Igel – damit er auch in Zukunft laut schnaufend durch unsere Gärten ziehen kann.

So bringt uns das stete Sein im momentanen Augenblick verschiedene Erkenntnisse:

- Der Garten ist wichtig – als Heimat, als Rückzugsort, als Ort von Entspannung, Erdung und der Begegnung mit Pflanzen und Tieren. Der Garten gibt uns die Chance tagtäglich die großen Zyklen des Lebens, von Säen bis zur Ernte, von Werden und Vergehen, von Geburt bis zum Tod mitzuerleben. Im Garten kann jeder ein Stück Paradies erschaffen, im Sinne von leben und leben lassen.
- Ebenso wichtig ist für die Menschen in Städten und Siedlungen, die in Häusern ohne eigenen Garten wohnen, dass sie sich eine solche grüne Insel erschaffen. Das kann der eigene Balkon oder Dachgarten sein, das kann ein Teil eines Innenhofs oder Vorgartens sein, den man vielleicht

Jede Blüte zählt dank Pollen und Nektar und dank der Samen, die sie im verblühten Zustand bildet – auch in Ihrem Garten.

sogar mit der Hausgemeinschaft zusammen anlegt, gestaltet und belebt. Dies kann auch ein gepachteter Kleingarten oder ein Urban-Gardening-Projekt sein, ein zum Anbau und Ernten zeitweise gemietetes Beetstück am Stadtrand oder auch der Garten älterer Menschen, die nicht mehr die Kraft zum Gärtnern haben. Erkundigen Sie sich danach in Ihrer Nachbarschaft und im Viertel.

- Im Lebendigen ist das Ganze mehr als nur die Summe der einzelnen Teile, eine Pflanze ist mehr als nur Wurzel, Stängel, Blatt und Blüte, so wie auch Sie mehr sind als nur Ihre Körperteile. Und so berührt die katastrophale Lage unserer Mitgeschöpfe, der Pflanzen und der Tiere, ihr stummes Verschwinden, unser Herz und bringt uns die Einsicht, unsere Haltung und Art zu allem, was lebt, zur Natur und zum Gärtnern zu überdenken und zu ändern, zum Wohle aller. Jetzt, von diesem Augenblick an.
- Denn das Artensterben der Bienen, der Schmetterlinge, der Insekten, der Vögel, der Wildblumen, der Fledermäuse, der Lurche, der Reptilien, der Bodenlebewesen sowie vieler Pflanzenarten geht weiter, mit jeder Stunde und mit jedem Tag. Im Garten können Sie nicht die Welt retten – dazu braucht es vor allem politische Entscheidungen –, aber Sie können einen kleinen Beitrag dazu leisten, dieser Entwicklung Einhalt zu gebieten und die Weichen neu zu stellen. Und mit jedem Gärtner, der sich Ihrem Vorbild anschließt, wird der Beitrag größer, bis schließlich durch ein neues Bewusstsein um die natürlichen Netzwerke der Erde auch in der Politik neue Entscheidungen getroffen werden müssen.
- Und dann gibt es noch den Klimawandel, auch Klimanotstand genannt: Er ist im Gange, so wie es die Erde schon viele Male erlebt hat, wenn auch noch nie in so rasend kurzer Zeit. Von seinen Folgen – von Dürren bis zu Überschwemmung – ist zwar auch die Existenz vieler Lebewesen betroffen, am stärksten trifft dieser Klimawandel aber uns Menschen selbst. Bei uns wird es wohl im Durchschnitt 2,9–5,1 °C wärmer werden, mit kürzeren Kälteperioden und mehr Stürmen mit Starkregen, so die Prognosen. Das ist eine Prognose, aber wohin die Reise auf unserem Planeten wirklich geht, wissen wir heute noch nicht.

Trotz dieser düsteren Perspektive möchte ich Sie dazu anregen, zuversichtlich nach vorne zu schauen und Ihr Tun an dem ausrichten, was Sie sich wünschen für diese Welt, Ihren Garten jeden Tag ein bisschen mehr für das Netzwerk der Natur zu öffnen und ein bisschen fitter für die Zukunft zu machen, ganz im Sinn einer alten Weisheit: »Wenn ich wüsste, dass morgen die Welt unterginge, würde ich heute noch ein Apfelbäumchen pflanzen.«

SERVICE

BEZUGSQUELLEN

Im Gartencenter gibt es oft keine Wildblumen oder Wildsträucher, weder als Samen noch als Pflanzen, sondern meist – wenn überhaupt – nur Zuchtformen davon. Wer also wirklich original heimische Wildpflanzen sowie deren Saatgut möchte, wendet sich am besten an eine Wildpflanzengärtnerei mit Online-Shop. Viele Wildpflanzengärtnereien bieten auch komplette Pflanzenpakete für verschiedene Gartenbereiche sowie für Balkon und Terrasse an.

Bioland Hof Jeebel
Biogartenversand OHG
Jeebel 17
D-29410 Salzwedel
info@biogartenversand.de
www.biogartenversand.de

VIVARA Naturschutzprodukte
Kaiserswerther Straße 115
D-40880 Ratingen
info@vivara.de
www.vivara.de

Bioland-Gärtnerei für Kräuter und Wildpflanzen Strickler
Wormser Str. 78
D-55232 Alzey
strickler@t-online.de
www.gaertnerei-strickler.de

Bingenheimer Saatgut
Ökologische Saaten
Kronstr. 24
D-61209 Echzelle-Bingenheim
info@bingenheimersaatgut.de
www.bingenheimersaatgut.de

SCHWEGLER Vogel- und Naturschutzprodukte GmbH
Heinkelstr. 35
D-73614 Schorndorf
info@schweglershop.de
www.schweglershop.de

Staudengärtnerei Gaißmayer
Jungviehweide 3
D-89257 Illertissen
info@gaissmayer.de
www.gaissmayer.de

Samen-Maier
Rieder Straße 7
A-4753 Taiskirchen
office@samen-maier.at
www.samen-maier.at
(liefert in die gesamte EU)

Sativa Rheinau
Klosterplatz 1
CH-8462 Rheinau
sativa@sativa-rheinau.ch
www.sativa-rheinau.ch

Noch mehr Bezugsquellen und Infos erhalten Sie beim **Verband deutscher Wildsamen- und Wildpflanzenproduzenten**
www.natur-im-vww.de

ADRESSEN IM INTERNET

Andernach – die essbare Stadt
www.andernach.de/stadt/essbare-stadt/

Bundesarbeitsgemeinschaft Schulgarten
www.bag-schulgarten.de/

Eh-da-Flächen für mehr Artenvielfalt
Ausgezeichnetes Projekt UN Dekade Biologische Vielfalt 2018
www.eh-da-flaechen.de

Saatgut-Tausch in der Nachbarschaft
www.saatgutkampagne.org/diverse_boersen.html

Tausende Gärten – tausende Arten
Grüne Oasen, einheimische Tiere und Pflanzen
www.tausende-gaerten.de

Jeder Gemeinde ihr Biotop
Ein Biotopverbundprojekt der Heinz-Sielmann-Stiftung
www.mpg.de/biotopverbund-deutschland
www.sielmann-stiftung.de/biotopverbund-bodensee/

OFFENE GÄRTEN

Gartenlink-Sammlung
www.gartenlinksammlung.de/offene_pforten.htm

Aktion »Offener Garten« Schleswig-Holstein und Hamburg
www.offenergarten.de/alle-gaerten/

In Nachbars Garten – offene Gärten Nordwest-Niedersachsen, Groningen und Drenthe
www.innachbarsgarten.de/gartentermine

Offene Gärten Berlin und Brandenburg
www.offene-gaerten-berlin-umland.de/

Offene Gärten in Mecklenburg-Vorpommern
www.offene-gaerten-in-mv.de/

Offene Gärten in Hessen
https://offene-gartenpforte-hessen.de/

Offene Gärten in Rheinland-Pfalz
www.garten-traeumerei.de/veranstaltungen/tag-des-offenen-gartens/

Private offene Gärten in Bayern
www.gartenbesuch.de/gärten/

LITERATUR

Berthold, Peter und Gabriele Mohr: **Vögel füttern, aber richtig. Das ganze Jahr füttern, schützen und sicher bestimmen.**
Kosmos-Verlag, Stuttgart

Berthold, Peter: **Unsere Vögel. Warum wir sie brauchen und wie wir sie schützen können.** Ullstein Verlag, München

Dahl, Jürgen: **Der unbegreifliche Garten und seine Verwüstung.** Über Ökologie und über die Ökologie hinaus. oekom, München

Fischer, Frauke und Hilke Oberhansberg: **Was hat die Mücke je für uns getan? Endlich verstehen, was biologische Vielfalt für unser Leben bedeutet.** oekom, München

Oftring, Bärbel: **Wird das was oder kann das weg? Erwünschte und unerwünschte Gartenpflanzen erkennen.** Kosmos Verlag, Stuttgart

Oftring, Bärbel: **Bist du noch zu retten? Pflanzenkrankheiten und schädliche Insekten erkennen und das Richtige tun.**
Kosmos Verlag, Stuttgart

Oftring, Bärbel: **Bei dir piept's wohl! 95 Gartenvögel – lerne mich kennen und tu was für mich.** Kosmos Verlag, Stuttgart

Oftring, Bärbel: **Bei dir summt's wohl. Über 150 Insekten und wie wir sie schützen können.** Kosmos Verlag, Stuttgart

Oftring, Bärbel: **Matsch und Möhren. Mit Kindern den Garten entdecken.** Kosmos Verlag, Stuttgart

Oftring, Bärbel: **Im Garten ist es niemals still. Wer die Sprache der Pflanzen versteht, gärtnert erfolgreicher.** Kosmos Verlag, Stuttgart

Oftring, Bärbel: **Mach mich locker! Wer den Boden kennt, gärtnert erfolgreich & nachhaltig.** Kosmos Verlag, Stuttgart

Oftring, Bärbel: **Double-use gärtnern. 100 Gartenpflanzen mit Mehrfachnutzen – ökologisch wertvoll, kulinarisch, als Haus- und Heilmittel sowie für den Garten.** Haupt Verlag, Bern

Oftring, Bärbel: **Wildbienenfreundlich gärtnern für Balkon, Terrasse und kleine Gärten. Gärtnertipps für mehr Insektenschutz und Artenvielfalt.** Edition Michael Fischer (EMF), Igling

Oftring, Bärbel: **Der Naturgarten. Gestaltungsideen für ein grünes Paradies.** BLV, München

Oftring, Bärbel: **Projektbuch tierfreundlicher Garten. 40 einfache Bau- und Pflan**

Oftring, Bärbel: **Gärtnern in Beet, Topf und Kasten. Das Gärtnerbuch für Kinder.** moses-Verlag, Kempen

Schneider, Eberhard und Anne: **Schöne Insektenwelt. Ihre Vernichtung und was wir dagegen tun können.** oekom, München

Segerer, Andreas H. und Eva Rosenkranz: **Das große Insektensterben. Was es bedeutet und was wir jetzt tun müssen.** oekom, München

Spohn, Margot und Roland: **Bäume und ihre Bewohner. Der Naturführer zum reichen Leben an Bäumen und Sträuchern.** Haupt Verlag, Bern

Spohn, Margot und Roland: **Blumen und ihre Bewohner. Der Naturführer zum reichen Leben an Garten- und Wildpflanzen.** Haupt Verlag, Bern

Weber, Andreas: **Alles fühlt: Mensch, Natur und die Revolution der Lebenswissenschaften.** thinkOya

Weber, Andreas: **Minima Animalia - Ein Stundenbuch der Natur.** think oya

Halbfette Seitenzahlen verweisen auf Abbildungen

A
Abräumen 61
Acer campestre 110
Achillea millefolium 101, 113
Admiral 98
Agastache foeniculum 121
Ahorn, Feld- 110, 133
Ajuga reptans 113,121
Akelei **102**
-, Alpen- 135
-, Gemeine 103
Alant, Echter 101, 113, 119
Alfalfa **38**
Algendünger 89
Allium oleraceum 102
– *rotundum* 102
– *vineale* 102
Alpenveilchen, Herbst- 100
Ameisen **69**, 70, 103
Amelanchier lamarckii 111
– *ovalis* 105, 111
Anchusa officinalis 121
Angelica archangelica 103
Anthemis tinctoria 101
Anthidium manicatum 129
Apfelbaum **108**, **109**, 118
Apfelblattlaus, Grüne 70
Aporrectodea caliginosa 39
Aquilegia alpina 135
– *vulgaris* 103
Arten, heimische 48, 49, 51
Artensterben 17, 20
Artenvielfalt 17
Aruncus dioicus 103
Aster **99**, 101
Aster alpinus 100, 135
– *novae-angliae* 101, **101**
Aster, Alpen- 100, 135
-, Strahlen- 119
Astrantia major 103
Aubrieta deltoidea 100, 135
Augentrost 94
Aurorafalter 98, 99

B
Baldrian **25**, 103
Balkon 100, 118, 119, 120, 121
Bär, Brauner 98
-, Englischer 98
Bärenklau, Wiesen- 94
Bartblume 119
Bäume 91, 108, 109, 110, 111
Bechermalve 119
Beetrosen **48**
Beifuß, Gemeiner 99
Beinwell 39, **39**
Bellis perennis 134
Benjeshecke 133, **133**
Berberis vulgaris 106, 133
Berberitze, Echte 106, 133
Bergminze, Kleinblütige 135
Berthold, Prof. Peter 20
Besenginster 53
Besenheide 106, 119, 121
Bestäuber **18**, 46, 67, 96
Bibernelle 94, 98
Bibernellwidderchen 98
Bienenblumen 97
Bienenfreund 87
Bienenweide **86**
Bienenweidegemisch, Brandenburger 87
Biodiversität 12, 15, 16
Birkenpilz **30**
Blattläuse 64, 70, 71, 117
Blattlausfeinde 66, 71
Blattrosenkäfer 107
Blattschneiderbiene 63, 101, 118, **132**
Blauregen 147
Blaustern 42, 113, 118, **118**, 134
Blumenerde, torffreie 120
Blumenrasen 42, 43, 93, 94
Blumenwanze **69**
Blumenwiese 41, **59**, 92, **93**, 94
Blumenzwiebeln 112, 113
Blüten 51, 54, 55, 96
Blutweiderich 101
Bocksbart, Wiesen- 93, 94
Boden 28, 29, 30, 31, 32, 33, 34, 79, 80, 81, 82, 83, 84, 85
– abmagern 42, 59, 87
– lockern 58, 82
-, nährstoffarmer **80**
Bodenarten 80
Bodenfruchtbarkeit 38
Bodenlebewesen 79, 82, 83
Bodenluft 81, 82
Bodenorganismen 28, 29, 30
Bodenuntersuchung 80, 81
Bodenwasser 34, 37, 81
Bohne, Acker- 79, 87
Bohnenkraut, Berg- 100, 135
Bohnenlaus, Schwarze 70, 71
Borretsch 87, 98, 119
Botrytis 117
Brachflächen 19
Brackwespe, Kohlweißlings- **65**
Brandenburger Bienenweidegemisch 87
Braunelle, Großblütige 103
Brennnessel 38, 52, 98
Brutzellen 128, 129
Buche, Rot- 108, 133
Buchweizen 87
Buddleja 51, **51**, 52, 53
Buddleja davidii 52

C
C-Falter 98
Calamintha nepeta 100, 135
Calluna vulgaris 106, 119, 121
Campanula 134
– *glomerata* 101, 113
– *latifolia* 101, 113
– *persicifolia* 103
– *portenschlagiana* 100, 135
– *rotundifolia* 46, **46**
Carpinus betulus 110
Caryopteris cladonensis 119
Centaurea jacea 113, 121
– *scabiosa* 113
Christrose 103
Cirsium oleraceum 98
Clematis montana **55**, 110
Cornus kousa 105
– *sanguineum* 106, 113
Corylus colurna 111
Cotoneaster horizontalis 121
Crataegus 105, 106, 133
– *laevigata* 52, 53
– *monogyna* 52, **52**, 53, 113
Crocus tommasianus 'Roseus' 43, **43**
– *vernus* 113
Cyclamen hederifolium 100
Cymbalaria muralis 135
Cytisus scoparius 53

D
Dachbegrünung 127, **127**
Dahlien 119
Daucus carota 98
Destruenten 34, 67
Dianthus barbatus 101
– *deltoides* 100
– *superbus* 102
Dickkopffalter **99**
Digitalis purpurea 103, 113
Dill 87
Dipsacus fullonum 113
Distelfalter 98
Dost 121
Dotterblume, Sumpf- 94
Duftnessel 119, 121
Düngung 37, 38, 79, 86, 87, 88, 89

E
Eberesche 111, **111**
Echinacea purpurea 101
Echium vulgare 121
Edaphon 28
Edelwicke 98
Efeu 110, **110**, 135, 146
Ehrenpreis 31, 44, 45, 92
-, Liegender 113, 135
Eibe, Gemeine 106, 133
Eiche, Stiel- 109
Eisenhut **100**
Eisenia fetida 39
Ektomykorrhiza 30, 85
Elster 73
Endomykorrhiza 30, 85
Engelwurz 103
Eranthis hyemalis 121
Erbse, Futter- 79
Erbsenblattlaus 70
Erde, torffreie 85
Erdflöhe 117
Erica carnea 121
Erntereste 86
Eryngium planum 121
Esparsette 119
Euonymus europaeus 106
Eupatorium cannabinum 101
Euphorbia seguieriana 135
Exsudate 33

F
Fadenwürmer **29**
Falllaub **34**, **74**, 86, 133, 134
Fassaden 110, 146
Faulbaum 106
Federgras **80**
Felder **16**
Feldlerche **19**
Feldränder, blühende **44**
Felsenbirne, Gemeine 105
-, Kupfer- 111, **111**
Felsennelke, Steinbrech- 134
Fettblatt, Hohes 101, 119
Feuchtwiese 93
Feuerbohnen **114**
Fichtenröhrenlaus 70
Fingerhut, Roter **62**, 103, 113, **113**
Fingerkraut, Frühlings- 134
Fingerprobe 80
Fleckleibbär, Gelber 98
Flockenblume 113
-, Berg- 119
-, Skabiosen- 94
-, Wiesen- 93, 94, 121
Flurbereinigung 15
Formschnitthecke 133
Fraßschutz 64
Frauenmantel 94
Fressfeinde 64, 71
Fuchs, Kleiner 47, 52, 98, 101
Fuchsschwanz, Wiesen- 94
Fugen 25, 63, **124**, 125, 134, **134**
Full-Cut-Off-LED-Leuchte 73
Furchenbienen Futterpflanzen 47, 58, 97, 101
Futterspezialisten 97

G
Galanthus nivalis 113
Galium album 98
– *mollugo* 113
– *verum* 113
Gänseblümchen 41, 92, 134

Gänsedistel, Kohl- 45
-, Raue 98
Ganzjahresfütterung 21
Garten, naturnah **22**, **25**, **61**
-, offener 142, **143**
Gartengrenzen 142
Gartenleuchten 73
Gartenpflanzen 48, 49, 50, 51, 52, 53, 91
Gartenteich **23**, 126, 127, 142
Gärtnern 75, 141, 142, 143
Gegenspieler, natürliche 65
Geißbart, Wald- 103
Geißblatt, Garten- 53
Gelb-Senf 87
Gemeinschaftsgärten **140**, **141**, 148
Gemenge, Landsberger 87
Gemüsegarten 91, 114, 115, **115**, 116, 117
Generalisten 123
Geranium pratense 113
– sanguineum 101, 113
Gesteinsmehl 89
Geum rivale 102
Giersch 44 ,45, **48**
Gießen, nachhaltig 83
Gilbweiderich, Gewöhnlicher 46
-, Punktierter 101
Gilbweiderichöl 46
Glatthafer 94
Glatthafer-Talwiese 94
Glechoma hederacea 113, 119
Glockenblume **62**, 93, 101, 113, 119, 134
-, Dalmatiner 100, 135
-, Knäuel- 94, 119
-, Pfirsichblättrige 103
-, Rundblättrige 46, **46**
-, Wiesen- 94
Goldhafer 94
Goldhafer-Bergwiese 94
Goldrute **100**
Goldwespen 101, 107
Grasbär, Weißer 98
Grauschimmel 117
Grünaderweißling 98
Gründüngung **38**, 58, 79, 82, 86, 87
Grünkragen 39
Guanodünger 89
Gundelrebe 113, 119
Günsel, Kriechender 92, 113, 121

H
Habichtskraut, Kleines 98
-, Orangerotes 101
Hagebutten **60**
Hahnenfuß, Knolliger 94
-, Kriechender 94
-, Scharfer 94
Hainbuche 110, 133
Handmäher 75
Handsense 74
Hängepflanzen 119
Hartriegel, Blüten- 105
-, Blutroter **51**, 113
-, Roter 106
Hasel, Baum- 111
Hasenglöckchen 113, 134
Hauhechelbläuling 98
Hechtrose, Blaue **106**, 107
Hecken, Wildsträucher- 106
Heckenkirsche, Rote 105
Heckenschnitt 132, 133
Hedera helix 110
Helianthus annuus 58, **58**
Helleborus foetidus 121
- niger 103, 121
Herzgespann **129**
-, Echtes 103
Heterorhabditis- **29**
Hieracium aurantiacum 101
– pilosella 98
Himbeeren 119
Himmelsleiter, Blaue 113, 119, 121
Höfe begrünen 146
Holunderblattlaus 70
Holunder, Schwarzer 106
Holzbiene, Blauschwarze 62
Holzmulch 84, 85
Honigbienen **67**, 70, 101, 103, 107
Honiggras, Wolliges 94
Honigtau 70
Hornisse **69**
Hornklee 41, 92, 93, 98, 98
Hornmehl 88
Hornspäne 86, 88
Hortensien 105
Humboldt, Alexander von 7
Hummeln 101, 103, 118, 120
Humus 34, 81
Hundskamille, Färber- 101
Hyacinthoides non-scripta 113
Hybriden 54
Hydrangea 105
Hypericum perforatum 101
Hyssopus officinalis 100, 120, 135

I/J
Iberis sempervirens 118
Igel, Durchschlupf **13**
Igelhäuschen **150**
Ilex aquifolium 111
Immunabwehr 65
Indianernessel **25**, 49
Insekten 17, 18, 38, 64, 65, 66, 67, 68, 69, 72
Insektenmagneten 93
Insektenweide 75
Insel im Zierrasen **41**
Inseln 17, **17**, 19
Inula helenium 101, 113
Iris × germanica 101, 102
Johannisbeere 119
Johanniskraut, Echtes 101
-, Tüpfel- 119
Jungfernrebe, Gewöhnliche 110
Juniperus communis 106

K
Käfer 101, 103
Käferblüten **67**
Kaisermantel 101
Kalender, phänologischer 140, 141
Kalium 36
Kalkstickstoff 84
Kalzium 36
Kamelhalsfliege **69**
Kapuzinerkresse 119
Karde, Wilde 98, 113
Katzenminze 100
Kies-Schotter-Vorgarten 24, 25
Kirschlorbeer 49, 53, 105
Kirschpflaume 110
Kitagärten 148, 149
Klappertopf 94
Klee **37**, 44, 79, 119
-, Berg- 94
-, Bokhara- 87
-, Perser- 87
-, Rot- 87
-, Weiß- 41, 87, 98
-, Wiesen- 94
Kleinsäuger 101, 107
Kleinstrukturen 22, 124, 125, 126, 127
Kletterpflanzen 98, 110, 119, 135, 146
Knäuelgras 94
Knöllchenbakterien 79
Knollenblumen 102
Knöterich, Wiesen- 94
Kohlblattlaus, Mehlige 70
Kohldistel 98
Kohldistelwiese 94
Kohlendioxid 108
Kohlmeise 21, **21**
Kohlweißling 64
Kokos 85
Kompost 79, 87, 88, **88**, **89**
Kompostieren 86, 88
Kompostwurm 39
Königskerze **25**, **80**, **96**, 97, **100**, 119
Korbblüten **67**
Koriander 87
Kornblume **12**, 45, 87, 98, 119
Kornrade 87
Kratzdistel, Kohl- 94
Kräuter, mediterrane 114
Kräuterrasen 42, 43
Kreuzdorn 106, 113
Kreuzungen 54
Krokus 42, **42**, 102, 118, 134
-, Elfen- 43, **43**
-, Frühlings- 113
Kuckucksbienen 128
Kultivator 82, **83**
Kulturlandschaft 14, 27, **56**, **57**
Kümmel, Wiesen- 94
Kürbis **88**

L
Labkraut 113
-, Gemeines 98
-, Wiesen- 94
Landkärtchen 98
Landsberger Gemenge 87
Landschaften, Veränderungen der **15**
Langhornbiene 101
Larven 67, 68
Lathyrus latifolia **135**
– vernus 103
Lattichmönch 98
Laufkäfer 68, **69**
Lavendel 119, **119**
Leguminosen 79
Lehmboden, sandiger 81
Leinkraut, Gemeines 98
-, Purpur- 119
Leitstauden 112, 113
Leonurus cardiaca 103
Lerchenfenster 19
Leucojum vernum 113
Licht, künstliches 73, **73**
Lichtnelke 93
-, Kuckucks- 94, 102
-, Rote 94, 113
Liguster 106, 133
Ligustrum vulgare 106, 133
Lihoraps 87
Linaria vulgaris 98
Löcherbiene **67**, 120
Lonicera caprifolium 53
– xylosteum 105
Lotus corniculatus 98
Löwenzahn 94, 98
Luftdüngung 15, 38, 59
Lumbricus terrestris 39
Lunaria rediviva 103
Lungenkraut, Geflecktes 103
Lupine 87
Luzerne **38**, 87
Lysimachia punctata 101
Lythrum salicaria 101

M
Macropis europaea 46
– labiata 46
Mädchenauge 119
Mädesüß 94
Magerrasen 93
Magerwiese 93
Magnesium 36
Mähen 18, 27, **40**, 41, 58, 59, 92, 93, 141
Mähgut 58, 59
Mähroboter 41
Mähstreifen **40**, 43

Majoran 113, 119, 121
Malva moschata 113
Malve, Moschus- 113, 119
-, Quirl- 87
Mannstreu, Flachblättriger 121
Margerite 93, 94
Marienkäfer 66, **70**
-, Larve **71**
-, Siebenpunkt- 140
Märzenbecher 102, 113
Material, organisches 67, 84
Mauerbiene 120
-, Gehörnte 118
-, Rote 118
Mauerkissen 100, 135
Mauern begrünen 135
Mauerpfeffer, Scharfer 119, 121, 134
-, Weißer 100, 134
Maulbeere 111
Mehltau 117
Melilotus officinalis 98
Mentha pulegium 113
– × *piperita* 75, **75**
Mespilus germanica 111
Mikroorganismen 29, 32, 33
Milchstern, Doldiger 102
Minze, Pfeffer- 75, **75**
-, Polei- 113
Mischkultur **115**, 116, 117
Mispel, Echte 111
Moderkäfer, Schwarzer **69**
Mohn **12**, 45, 98
Möhre, Wilde 97, 98, 119
Mönchsgrasmücke **20**, 21
Mondviole 103
Moor **85**
Morus nigra 111
Mössinger Sommer 93
Mulch, Beinwell- **36**
Mulchen 39, 79, 82, 83, 84, 86
Muscari racemosum 102
Mykorrhiza 13, 30, 38, 47, 84, 85, 131

N
Nachtfalter 103
Nachtkerze 97, 98, 119
Nachtpfauenauge 63
Nacktschnecken 68, 117
Nährstoffe 33, 34, 35, 36, 37, 38, 39, 80, 81
-, pflanzenverfügbare 32, 54
Nahrungsketten 12
Namen, botanischer 54
Narcissus poeticus recurvus 113
Narzisse, Dichter- 113, **113**
Natternkopf 97, 98, 119, 121
Natursteine **124**, **125**
Nektar 55
Nelke, Bart- 101
-, Heide- 100
-, Kartäuser- 94
-, Pracht- 102
Nelkenwurz, Bach- 94, 102
Nematoden **29**, 117
Neophyten, invasive 52
Nepeta × *faassenii* 100
Nieswurz, Schwarze 121
-, Stinkende 121
Nisthilfen 120, **120**, 128
Niststeine 127
Nitrat 34, 37
Nutzgarten 50
Nützlinge 115, 65, 66

O
Obstbäume 62, 110, 115, 142
Obstgarten 114, 115, 116, 117
Obstspalier **142**
Ochsenzunge, Gemeine 121
Ökosysteme 11, 12
Ölrettich 87
Origanum vulgare 113, 121
Ornithogalum umbellatum 102

P/Q
Paeonia officinalis 101
Parthenocissus 146
– *inserta* 110
– *quinquefolia* 110
Pastinake 94
Pelzbiene, Gemeine 118
Perlmuttfalter, Kleiner **47**, 98
Permakulturgarten 50
Pestizide 18
Petrorhagia saxifraga 134
Pfaffenhütchen **105**, 106
Pferdemist 89
Pfingstrose, Garten- 101
Pflanzen, heimische 46, 47, 50, 114
-, Kommunikation 130, 131
Pflanzenjauche 39, 88, 88, 89, 116
Pflanzenschutz, schonender 117
Pflanzenwurzeln 30, **35**
pH-Wert 81
Phacelia **86**, 87, 119
Phosphat 34, 35
Pilzkrankheiten 117
Pilzmyzel **33**
Pimpinella saxifraga 98
Pippau **129**
-, Weichhaariger 94
-, Wiesen- 94
Platterbse, Berg- 94
-, Breitblättrige **135**
-, Frühlings- 103
Polemonium caeruleum 113, 121
Polygonatum multiflorum 103
Potentilla verna 134
Präriebeete **100**
Präriestauden 49, **80**
Primärproduzenten 34
Primula veris 98
Prunella grandiflora 103
Prunus avium 105
– *cerasifera* 110
– *laurocerasus* 53
– *padus* 105, 110
Pulmonaria officinalis 103
Puppe 68
Purpurbär 98
Quecke 44, 45

R
Rainfarn 119
Randstrukturen **16**
Rankpflanzen 135
Rasen 25, 40, 41, 42, 43, 60, 61
– in Wildblumenwiese umwandeln 95, **95**
Rasengittersteine 126
Raupen 64, 67, 97, 98, 101, 103
Rechen 74, **74**
Regen, saurer 15
Regenwasser sammeln 83, **83**
Regenwurm **28**, **32**, 38, 39, 82, 84
Regenwurmkot **13**
Reisighaufen 126
Reseda lutea 113
Resedafalter 98
Resede, Gelbe 113
Rhamnus cathartica 106, 113
– *frangula* 106
Rhizosphäre 29, 32
Rindenhumus 85
Rindenmulch 84
Ringelblume 87, **114**, **117**
Rispengras 94
Rittersporn **25**
Rosa agrestis 107
– *arvensis* 107
– *canina* 63, **63**, 105, 107
– *gallica* 107
– *glauca* **106**, 107
– *majalis* 53, 107
– *pendulina* 107
– *rubiginosa* 107
– *spinosissima* 107
– *tomentosa* 107
– *villosa* 107
Rose, Acker- 107
-, Alpen- 107
-, Apfel- 107, 113
-, Bereifte **106**, 107
-, Bibernell- 107, 113, **113**
-, Blaue Hecht- 107
-, Essig- 107
-, Feld- 107
-, Filz- 107
-, Hunds- 63, **63**, 105, 107, 113
-, Kriech- 107
-, Wein- 107, 113
-, Zimt- 53, 107
Rosenblattlaus, Große 70, 71
Rosenkäfer **67**
Rosmarin 119, 121
Rosmarinus officinalis 121
Rotkehlchen **104**
Rotkehlchenbrot **105**
Rotschwingel, Horst- 94
Rückschnitt 11, 62
Ruderalflächen 97
Rußtaupilze 70

S
Saatgut 66
Sägehornbiene 101
Sagina subulata 134
Salbei 93
-, Wiesen- 94, 119, 121
Salbei-Glatthaferwiese 94
Salix caprea 106, 133
Salomonssiegel, Vielblütiges 103
Salvia pratensis 121
Sambucus nigra 106
Sandbeet 125
Sandbienen 103
Sandboden **23**, 81, 81
Sanguisorba officinalis 102
Saponaria officinalis 113
Satureja montana 100, 135
Schädlinge 64, 65
Schafgarbe 93, 94, 101, 113
Schafwolle als Dünger 89
Schaumkraut, Wiesen- 94, 99
Scheckenfalter, Baldrian- 103
-, Roter 98
-, Wegerich- 98
Schenkelbiene 101
-, Sumpf- 46
-, Wald- 46
Schildläuse 117
Schlehe **104**
Schleifenblume 118
Schlupfwespen 64
Schlüsselblume, Duftende 98
Schmetterlinge 97, 98, 101, 103
Schmetterlingsflieder 51, 52, 53
Schmetterlingsraupen 47
Schmuckkörbchen 98
Schneckenfeinde 68
Schneeball ‘Chinese Snowball’ **55**
-, Gemeiner 106
-, Gewöhnlicher 53, 54, **55**
-, Wolliger 106
Schneeglöckchen 102, **102**, 113
Schneeheide 118, 121
Schneestolz 42
Schnittgut 86
Schöllkraut 44, **44**
Schönbär 98
Schotterrasen 93
Schulgärten 148, 149, **149**

Schwalbenschwanz 98, **98**, 103
-, Raupe **64**
Schwarzkümmel 87
Schwebfliege 46, **66**, **71**, 101, 103
Schwefeldioxid 36
Schwertlilie, Deutsche 101, 102
Scilla bifolia 113, 118
Sedum acre 121, 134
– *album* 100, 134
– *telephium* 101, 119
Seifenkraut, Echtes 113
Senf, Acker- 98
-, Gelb- 87
Sense 58
Serradella 87
Silberblatt 103
Silene dioica 113
– *flos-cuculis* 102
Sinapis arvensis 98
Slow Gardening 74, 75
Sommerblumen 48, 49, 53, 96, 97, 98, 99, 100, 101, 102, 103
Sommerflieder 51, 52, 53
Sonchus asper 98
Sonnenblume 58, **58**, 59, 87, 119
Sonnenbraut **100**, 119
Sonnenhut 49, **97**
-, Gelber 119
-, Purpur- 119
-, Roter 101
Sorbus aucuparia 111
– *domestica* 111
Sorten 54, 91, 114, 115
Speierling 111
Spezialisten 27, 123
Spornblume, Rote 119
Springkraut 97
Spurenelemente 36, 81
Stachys byzantina 101
– *germanica* 101, 113
Stadt, Essbare 149
Stauden 48, 49, 50, 53, **62**, 96, 97, 98, 99, 100, 101, 102, 103
Stechpalme 111
Steinbrech, Knöllchen- 94
Steinhaufen 124
Steinhummeln 107
Steinklee 87, 98
Steinmauer **23**
Steinplatten **134**
Steinquendel 100, 135
Stellaria media 31
Sterndolde, Große 103
Sternmoos 134
Stickstoff 33, 35, 37, 79
Stiefmütterchen, Acker- 47, **47**, 98
Stieglitz **120**
Stockrosen 119
Storchschnabel 113
-, Blutroter 101
-, Wald- 94
-, Wiesen- **48**, 94
Storchschnabelbläuling 101
Straßenrand, Grün am **147**, **148**
Sträucher 51
Streuobstwiesen 58
Studentenblume 87, **117**
Succisa pratensis var. *palustris* 102
Sumpfdotterblumenwiese 94
Symbiosen 13
Symphytum officinale 39, **39**

T
Tagetes 87, **117**
Tageule, Scheck- 98
Tagfalter 101, 103
Tagpfauenauge 47, 52, **66**, 98, 101
Tanzfliegen 103
Taraxacum sect. Ruderalia 98
Taubenschwänzchen **72**, 98
Tauschbörse 144, 145, **145**
Taxus baccata 106, 133
Teufelsabbiss, Sumpf- 102
Teufelskralle 94
Thalictrum aquilegiifolium 103
– *flavum* ssp. *avum* 113
Thuja 49, 105
Thymian 119, **119**, 134
-, Echter 43
-, Feld- 43, 100, 113, 135
-, Gewöhnlicher 92
- -Rasen, Sand- **42**
-, Sand- 43, 100, 135
-, Zitronen- 43
Thymus 134
– × *citriodorus* 43
– *herba-barona* var. *citriodorus* 43
– *pulegioides* 43, 100, 113, 135
– *serpyllum* 43, 100, 135
– *vulgaris* 43
Tigerschnegel 68
Tintenfleckweißling 98
Tomaten **36**
Ton-Humus-Komplexe 39
Torf 85
Totholz 126, **126**
Traubenhyazinthe 119, **113**, 134
-, Weinbergs- 102
Traubenkirsche 105, 110
Traubenkraut, Beifußblättriges 44
Trespe 94
Trifolium repens 98
Trockenmauer 63, 100, 124, 125
Tropaeolum majus 119
Tübinger Mischung 87
Tulipa sylvestris 102
Tulpen 119
Türkenbundlilie 102

U/V
Überdüngung 18, 37, 38, 65
Umgraben 82
Umtopfen 131
Unkraut 44, 45, 47, 62, 63, 100
Unordnung, natürliche 60, 61, 62, 63, 132, 133, 134, 135
Unterart 54
Urban Gardening 140
Urtica dioica 98
Valeriana officinalis 103
Varietät 54
Verblühtes 132
Vergissmeinnicht **113**
Vergrasung verhindern 59
Verkehrsinseln, blühende 147, 148
Veronica 31
– *prostratra* 113, 135
Viburnum lantana 106
– *opulus* 53, 54, 106
– *opulus* subsp. *trilomum* 54
– *opulus* 'Roseum' 54
– *opulus* var. *calvescens* 54
Vicia sepium 119
Viola arvensis 98
Vitis vinifera 110
Vögel 18, 20, 21, 63, 72, 101, 103, 107, 140
– füttern 22, 140
Vogelbeere **20**, **50**
Vogelkirsche 105
Vogelmiere 44, 45
-, Gemeine 31, **31**

W
Wacholder 106
Wälder, Rot-Buchen- **14**
Waldrebe, Anemonen- 110
-, Berg- **55**
Wände, begrünen **146**
Wasserdost, Gewöhnlicher **53**, 101
Wasserstellen 126, 127
Wau, Färber- 119
Wege 124
Wegerich, Breit- 45
Wegerichbär 98
Wegschnecke, Spanische 68
Weide, Sal- 106, 133
Weidekätzchen **118**
Weidenröschen, Schmalblättriges 97
Wein, Wilder 110, **135**
Weinbergklima 102
Weinbergschnecke 68
Weinrebe 110
Weinschwärmer 97, 98
Weißdorn 52, **52**, 53, 105, 106, 110, 113, 133
Weißfleckwidderchen 98
Wespe **67**, 101, 120
Wicke, Zaun- 119
Widderchen **92**, 98
Wiesenknopf 94, 102
Wiesenraute, Akeleiblättrige 103
-, Gelbe 113
Wiesenrispe 94
Wiesenschaumkraut-Fuchschwanzwiese 94
Wiesenschwingel 94
Wiesentypen 43, 92, 94
Wiesenwurm 39
Wildart 54
Wildbienen 46, 70, 98, 101, 103 ,120, 128, **128**, 129, **129**
-, Nisthilfen 120, **120**
Wildblumen **12**, 41, 42
Wildblumenrasen 92, 93, 94, 95
Wildblumenwiese 43, 92, 93, 94, 95, 142, 143
Wildkräuter 44, 45, 46, 47
Wildmalve 87
Wildrosen 106, 107, 119
Wildstauden 53, 99, 100, 101, 102, 103
Wildsträucher 91, 104, 105, 106, 107, 112, 113, 142
Wildtulpen 102
Winterling 42, 118, **118**, 120, 134
Wisteria 147
Witwenblume 93
Wolfsmilch, Steppen- 135
Wollbiene, Garten- 129, **129**
-, Große **129**
Woll-Ziest **99**
Würfelfalter 98
Wurzelunkräuter 44

Y/Z
Ysop 100, 119, **119**, 121, 135
Zäune 126
Zaunkönig **126**
Zeigerpflanzen 80
Zersetzer 34, 67
Zierlauch 102, 119
Zierrasen 40, 41, 42, 43, 60, 61
Ziest 101
-, Deutscher 113
-, Woll- **129**
Zilpzalp **71**
Zimbelkraut, Mauer- 135
Zimtbär 98
Zottelbiene 118
Zucchini **88**
Züchtung 54
Zwergmispel, Fächer- 121
Zwiebelblumen 42, 98, 102

BILDNACHWEIS

Cover: FloraPress/Sibylle Pietrek
Illustrationen: Shutterstock

AdobeStock: 013-2, 030, 031, 033-2, 038, 039-2, 047-1, 053, 056, 058, 063, 064, 066-1,
067-1, 067-3, 069-3, 075, 086, 099-1, 102-1, 110, 120-1, 128, 146
Alamy Stockfoto: 016, 019, 021, 028, 032, 033-1, 034, 042-2, 043, 044, 045, 046, 051-1, 052, 055-1, 057, 060, 062-1, 067-4, 069-2, 069-4, 069-5, 069-6, 071-1, 071-2, 071-3, 073, 083-1, 085, 088, 089, 092, 102-2, 104, 106, 109, 129-2, 129-3, 131, 132, 135-1, 138, 145-2, 149
Biopix/D Grange: 069-1
Biosphoto: 036, 039-1, 067-2, 078, 108, 115, 126
Elke Borkowski/gardenpicturestock: 023-1, 076, 124, 133
Botanikfoto: 042-1, 117
Kent Bovin/www.bovin.tv: 047-2
Mareike Fedders/naturgarten-anlegen.de: 059-2, 093, 095-1
FloraPress: 002, 022, 041, 050, 055-3, 059-1, 061, 096, 099-2, 100, 111-2, 113-1, 113-3, 114, 125, 135-2, 141-2, 150
FloraPress/Ute Klaphake: 111-1
Frank Hecker: 018
Friedrich Strauss: 005-1, 025, 048, 118, 136, 145-1, 151
GAP Photos: 005-2, 033-3, 040, 062-2, 074, 080, 095-3, 112, 130, 134, 140, 141-1, 142, 143, 145-3
Getty Images: 035
Green City e.V.: 147
Istock: 014, 097
LBV Bilddatenbank - naturfotos.lbv.de - Wolfgang Bock: 129-1, - Peter Bria: 012, 090, 148,
- Birgit Helbig: 004, 023-2, 119, - Ralph Sturm: 072, - Oliver Wittig: 127,
- Rudolf Wittmann: 095-2, 095-4
Marianne Majerus: 008, 122
mauritius images: 017, 065, 066-2, 083-2, 105
Bärbel Oftring: 006, 024, 120-2
OKAPIA: 013-1
RVR,1926, tlw. Aero Lloyd, dl-de/by-2-0: 015-1
RVR,1952, Hansa Luftbild GmbH, Aerowest GmbH, dl-de/
by-2-0: 015-2
RVR,2009, Geobasis NRW, dl-de/by-2-0: 015-3
Science Photo Library/Burgess, Dr. Jeremy: 029
Shutterstock: 010, 020, 026, 037, 049, 051-2, 054, 055-2, 070, 113-2
Stefanie Syren/Sichtungsgarten Weihenstephan: 144

ÜBER DIE AUTORIN:

Bärbel Oftring erkundete schon als Kind die Naturlandschaften rund um ihren Heimatort. Ihre Liebe zu Tieren und der Natur bewog sie, nach dem Abitur Biologie zu studieren. Sie arbeitet als Autorin, Lektorin und Redakteurin und leitet Naturforscher-AGs. In ihren zahlreichen Sachbüchern vermittelt sie Wissenswertes über Natur, Garten und Umwelt an Kinder und Erwachsene. Ihre Bücher wurden in mehrere Sprachen übersetzt und vielfach ausgezeichnet.

GARTENLUST PUR.

ISBN 978-3-8338-7130-6

ISBN 978-3-8338-7128-3

ISBN 978-3-8338-6953-2

ISBN 978-3-8338-6194-9

ISBN 978-3-8338-6870-2

ISBN 978-3-7742-6135-2

e Auch als eBook erhältlich.

GU

Mehr von GU auf **www.gu.de** und **facebook.com/gu.verlag**

IMPRESSUM

Projektleitung: Fabian Barthel

Lektorat: Barbara Kiesewetter

Korrektorat: Andrea Lazarovici

Bildredaktion: Hannah Crawford; Natascha Klebl (Cover)

Umschlaggestaltung & Layout: independent Medien-Design, Horst Moser, München

Herstellung: Petra Roth

Satz: griesbeckdesign, Dorothee Griesbeck, München

Repro: Longo AG, Bozen

Druck und Bindung: Firmengruppe APPL, aprinta druck, Wemding

ISBN 978-3-8338-7549-6

1. Auflage 2021

Printed in Germany

Die GU-Homepage finden Sie unter www.gu.de

Syndication: www.seasons.agency

UMWELTHINWEIS

Dieses Buch wurde auf PEFC-zertifiziertem Papier aus nachhaltiger Waldwirtschaft gedruckt.

GENDERHINWEIS

Um Ihnen das Lesen zu erleichtern, haben wir in diesem Buch Begriffe, für die es eine weibliche und eine männliche Schreibweise gibt, nur in einer Form verwendet. Selbstverständlich beziehen wir uns immer auf alle Geschlechter und bitten für diese Verkürzung um Ihr Verständnis.

QUALITÄTS G|U GARANTIE

LIEBE LESERINNEN UND LESER,

wir wollen Ihnen mit diesem Buch Informationen und Anregungen geben, um Ihnen das Leben zu erleichtern oder Sie zu inspirieren, Neues auszuprobieren. Wir achten bei der Erstellung unserer Bücher auf Aktualität und stellen höchste Ansprüche an Inhalt und Gestaltung. Alle Anleitungen und Rezepte werden von unseren Autoren, jeweils Experten auf ihren Gebieten, gewissenhaft erstellt und von unseren Redakteuren/innen mit größter Sorgfalt ausgewählt und geprüft.

Haben wir Ihre Erwartungen erfüllt? Sind Sie mit diesem Buch und seinen Inhalten zufrieden? Wir freuen uns auf Ihre Rückmeldung. Und wir freuen uns, wenn Sie diesen Titel weiterempfehlen, in Ihrem Freundeskreis oder bei Ihrem online-Kauf.

Sollten wir Ihre Erwartungen so gar nicht erfüllt haben, tauschen wir Ihnen Ihr Buch jederzeit gegen ein gleichwertiges zum gleichen oder ähnlichen Thema um.

KONTAKT ZUM LESERSERVICE

GRÄFE UND UNZER VERLAG
Grillparzerstraße 12
81675 München
www.gu.de

GRÄFE UND UNZER

Ein Unternehmen der
GANSKE VERLAGSGRUPPE

www.facebook.com/gu.verlag